Praxisbuch Trauercafé

Mechthild Schroeter-Rupieper

Praxisbuch Trauercafé

Grundlagen und Methoden

Patmos Verlag

VERLAGSGRUPPE PATMOS

PATMOS
ESCHBACH
GRÜNEWALD
THORBECKE
SCHWABEN
VER SACRUM

Die Verlagsgruppe
mit Sinn für das Leben

5. Auflage 2026

Verlagsgruppe Patmos in der Schwabenverlag AG, Senefelderstr. 12, 73760 Ostfildern
produktsicherheit@verlagsgruppe-patmos.de
www.patmos.de
(Vorstehende Angaben sind zugleich Pflichtinformationen nach GPSR)

Umschlaggestaltung: Finken & Bumiller, Stuttgart
Umschlagabbildung: oben: © Mizin Roman/shutterstock.com;
unten: © Jacob Lund/shutterstock.com
Gestaltung, Satz und Repro: Schwabenverlag AG, Ostfildern
Lektorat: Andrea Langenbacher, www.andrealangenbacher.de
Druck: Finidr s.r.o., Český Těšín
Hergestellt in Tschechien
ISBN 978-3-8436-1023-0

Inhalt

Vorwort

»Darf man da auch ein Bier trinken?«, fragte mich ein älterer verwitweter Herr, als ich ihm von der Gründung des Trauercafés erzählte. Und ich antwortete: »Klar, darf man das, wenn Ihnen Kuchen dazu schmeckt! Und außerdem reden wir dort beim und nach dem Essen und Trinken auch miteinander. Sie und ich, aber auch andere aus meinem Team und weitere trauernde Männer und Frauen, die ins Trauercafé kommen. Das tut vielen gut und kann außerdem spannend sein.« Und dann kam er ab dem folgenden Monat über ein Jahr lang zu den Terminen. Das Wissen, ein Bier zu bekommen, hatte seine Sorge, dass dieser »Trauerkram« nichts für ihn sei, verringert und ihm die Sicherheit vermittelt, etwas Gewohntes anzutreffen – und sei es nur ein Getränk. Und wissen Sie, was dann interessant war? Er trank bei seinen Trauercafé-Besuchen ausschließlich Kaffee mit viel Milch.

Mir fällt ein Spruch von Ludwig Kugler ein:
»Wenn oben nicht mehr oben ist –
Die Mitte nach außen gerückt –
Wenn gute Wünsche wie eine Farce
und ein Sonnentag wie Nebel wirkt –
Wenn nichts mehr ist, wie es vorher war –
dann wünsche ich dir Menschen,
die wie ein Ring um dich sind, damit du nicht fällst.«

Genau darum geht es mir in der Trauerbegleitung mit dem Angebot des Trauercafés: Menschen, die durch den Tod einen Verlust erlitten haben, in einer Zeit von möglichem Chaos und Haltlosigkeit mit einem niederschwelligen Angebot Orientierung innerhalb einer Gemeinschaft anzubieten.

In Trauercafés können wertvolle und informative Gespräche informeller Art stattfinden. Sie bieten aber auch einen Raum, um darüber hinaus gezielte Angebote zu machen. Mit diesem Buch biete ich neben grundlegenden Überlegungen Anregungen an, wie unterschiedliche Trauerthemen innerhalb des Jahreskreises oder entsprechend dem Bedürfnis der Besucher/innen aufgegriffen und gestaltet werden können. Die Ideen können für das Trauercafé, aber ebenso für feste Gesprächsgruppen für Menschen in Verlustzeiten genutzt werden.

Vielleicht leiten Sie, der/die Sie als ehren- oder hauptamtliche/r Trauerbegleiter/in gerade dieses Buch in der Hand halten, schon seit längerer Zeit ein Trauercafé. Vielleicht überlegen Sie, mit Ihrem Hospizdienst oder der Kirchengemeinde eines neu zu eröffnen. Dann lade ich Sie ein, sich hier von theoretischen Ansätzen und vielfältigen Methoden inspirieren zu lassen.

Ich habe in meiner Arbeit und auch mit diesem Buch nicht den Anspruch auf Vollkommenheit. Anbieten kann ich Ihnen jedoch praxiserprobte, lebendige Inhalte, die Ihnen Lust machen sollen, diese eins zu eins anzuwenden, zu verändern oder zu erweitern, sodass es eine für Sie und Ihr Team passende Möglichkeit in der Begegnung mit trauernden Menschen wird.

Und auch für Gespräche oder Fragen wie diese: »Muss man eigentlich traurig sein, um in ein Trauercafé zu gehen, oder reicht es schon, wenn jemand gestorben ist?« wünsche ich Ihnen mit diesem Buch wertvolle Anregungen und Impulse. Denn der in der Trauerbegleitung unerfahrene Mensch würde vielleicht denken: »Ja, ist das denn nicht das Gleiche?«

Es ist tatsächlich nicht das Gleiche: Einen Menschen durch den Tod verlieren, bedeutet noch lange nicht, dass damit auch Trauer einhergeht.

Es ist also durchaus möglich, dass Menschen ein Trauercafé aufsuchen, obwohl sie den Verstorbenen zwar nicht vermissen, sich aber trotzdem einsam fühlen. Oder dass sie das vermissen, was sie niemals hatten oder was im Laufe des Lebens verloren ging: Zuwendung, Wertschätzung, Gespräche.

Meiner Meinung nach ist die einzige Voraussetzung für die Teilnahme an einem Trauercafé die Bereitschaft, sich mit anderen Menschen über den Umgang mit Verlusten durch Todesfälle in einem persönlichen Rahmen auszutauschen.

Die Voraussetzung für die verantwortlichen ehren- oder hauptamtlichen Menschen, die innerhalb des Cafés Begleitungsgespräche anbieten, sollte eine qualifizierte Trauerbegleitungsfortbildung sein. Auch für die weiteren Mitwirkenden sollten Fortbildungsangebote und reflektierende Teamgespräche selbstverständlich sein.

Das Trauercafé kann ein wertvoller Ort sein, an dem Erinnerungen genauso einen Platz haben wie die Probleme oder Sonnenseiten der Gegenwart und die Hoffnung auf eine lebens- und liebenswerte Zukunft. Das Trauercafé ist ein »Lokal«, ein Treffpunkt für Menschen, die immer wieder neuen Begegnungen gegenüber aufgeschlossen sind. Daher ist ein kurzer »Ausflug« in die geschichtliche Herkunft der Kaffeehäuser interessant:

Im westlichen Europa wurden 1647 die ersten Kaffeehäuser eröffnet und von Geschäftsleuten als Treffpunkt geschätzt. Es folgten Cafés für Literaten, Gelehrte, Spieler und Juristen. Nach und nach besuchten auch die normalen Bürger das Kaffeehaus, sodass Menschen verschiedener Herkunft und unterschiedlichen Lebensstils am selben Tisch zusammensaßen und über Geschäfte, Gott und die Welt sprachen.

Laut Wikipedia »ist es den Kaffeehäusern als besonderer Verdienst anzurechnen, dass sie das Wissen popularisierten und Gastlichkeit mit aufklärerischem Nutzen verbanden. Durch die Erfindung der Zeitung sowie die Etablierung der Post sind sie die Wiege der heutigen Printmedien.«

Und so finde ich es mehr als passend, wenn sich im Trauercafé Gastlichkeit mit informativer Trauerarbeit verbindet und so zu einem Ort wird, an dem eine Vielfalt von Menschen zusammenfinden kann.

Ich wünsche Ihnen von Herzen gute und gegenseitig bereichernde Begegnungen!

Ihre Mechthild Schroeter-Rupieper

Grundlagen für methodisch angeleitete Trauercafés

Was ist Trauer?

Trauer ist eine normale, psychohygienisch gesunde Reaktion auf einen erlittenen Verlust. Menschen in sämtlichen Kulturen, in jeder Epoche, in jedem Lebensalter erleben sie, drücken sie aber in unterschiedlichen Zeiten, aufgrund ihrer kulturellen Herkunft und ihrer eigenen Persönlichkeit verschieden aus.

Alles ist normal!

Angesichts eines großen persönlichen Verlustes ist nichts mehr, wie es einmal war. Wer betroffen ist, muss für sich zunächst einmal einen Weg finden, wie er damit umgeht. In den meisten Fällen zeigen Menschen dann eine von vier typischen Reaktionen:

fühlen – sachlich denken – handeln – verdrängen

Innerhalb einer Familie kann das beispielsweise so aussehen:

Der Ehemann, Vater und Opa einer Familie liegt im Sterben. Seine Frau fühlt Traurigkeit, wenn sie daran denken muss, und fängt immer wieder an zu weinen. Am liebsten bliebe sie den ganzen Tag im Bett liegen, sie fühlt die Traurigkeit und Angst bis in die Fingerspitzen.

Die Tochter beginnt zu handeln. Sie kauft ein Buch über Sterbebegleitung, versorgt die Mutter mit warmen Mahlzeiten und organisiert die hospizliche Hilfe.

Der Enkel verdrängt die traurige Tatsache und sagt: »Solange Opa lebt, möchte ich nichts vom Sterben hören! Der Opa schafft das schon!«

Der Schwiegersohn reagiert sachlich, überdenkt die Situation und informiert sich im Internet über weitere Behandlungsmöglichkeiten, aber auch über die Formalitäten einer Bestattung.

Wichtig zu wissen: Jede dieser Reaktionen ist normal und in Ordnung! Alle Gefühlsreaktionen haben etwas mit dem Traueranlass zu tun. Aber jeder geht auf eine eigene Art damit um. Das führt häufig (leider) dazu, dass sich die einzelnen Familienmitglieder unverstanden fühlen und selbst aber auch die Reaktionen der anderen nicht verstehen.

Auch die Gäste im Trauercafé werden unterschiedlich mit ihrem Verlusterleben umgehen. Es ist wichtig, jedem Trauernden mit der je eigenen Art und Weise, auf den Verlust zu reagieren, Respekt entgegenzubringen und gleichzeitig Anregungen zu geben, sich auch auf die Reaktionen der anderen einzulassen.

In der Regel sind wir alle in der Lage, die verschiedenen Reaktionen in unterschiedlichen Gewichtungen zuzulassen. Dies ist für einen guten Umgang mit der Trauer auch von großer Bedeutung. Denn wer in seinen Gefühlen nur einseitig reagiert, dem wird auf Dauer kein ausgeglichenes Leben möglich sein: Wer zu emotional reagiert, in der Trauer nur weint, wird vielleicht vorübergehend depressiv. Wer alles nur sachlich betrachtet, verlernt, Gefühle auszudrücken. Wer nur handelt, wird nach einer Zeit körperlich und seelisch erschöpft sein. Wer immer verdrängt, spürt nicht, dass die nächste Kleinigkeit schon zu viel sein kann, er explodiert oder bricht zusammen – völlig überraschend für seine Umwelt, der er ein ganz anderes Bild von sich gezeigt hat.

Trauer ist Veränderung

Verluste lösen Traurigkeit, Konflikte und Krisen aus. Trauer ist ein Prozess, der durchlebt werden muss, damit der veränderte Alltag mit neuem Selbstbewusstsein eines Tages wieder im Fluss gelebt werden kann. Trauer ist keine Krankheit. Trauer benötigt in der Regel keine Medikamente und keine Therapie. Trauer darf jedoch Begleitung erfahren.

Noch immer sprechen viele Menschen von einem Trauerjahr. Sie erwarten (und hoffen), dass sich Trauernde, nachdem ein Jahr »ohne« vergangen ist und alle Geburts-, Gedenk- und Feiertage neu erlebt wurden, im kommenden Jahr der Veränderung anpassen. Diese Haltung verunsichert viele Trauernde, insbesondere die, die lange Zeit brauchen, um den Verlust zu realisieren, und deshalb erst spät Verlustreaktionen zeigen.

Etliche Menschen empfinden das zweite Trauerjahr schmerzvoller als die erste Zeit, weil sie immer weitere Verlustdimensionen begreifen. Anfangs betrauern Eltern, deren einziges Kind verstarb, den Verlust ihres Kindes. Nach und nach betrauern sie vielleicht, dass sie im Alter keine Unterstützung vom Kind erhalten können oder dass sie niemals Enkelkinder bekommen werden. Immer mehr zu begreifen, was man verloren hat, kann immer neue Trauerschübe auslösen.

Einige Trauernde hoffen, dass eines Tages, möglichst bald, alles so wird »wie vorher«. Diese Hoffnung wird jedoch unerfüllt bleiben. Dass ein nahestehender Mensch plötzlich fehlt, kann man ertragen und überleben, aber man kann den vorherigen Zustand nicht wiederherstellen. Mit dem Moment des Verlustes beginnt die persönliche Veränderung, von der wir wissen, dass es unrealistisch ist, sie zu verhindern. Deshalb wird es nicht mehr, wie es war, aber es kann dennoch wieder gut werden. Anders gut.

Fragen, die im Rahmen eines Trauercafés besprochen werden können

- Wenn der Verstorbene heute dieses Café betreten und dich nach längerer Zeit wiedersehen würde, worüber würde er sich wundern?
- Gibt es etwas, worüber sich deine Umwelt wundert? Wunderst du dich selbst darüber, was sich schon alles verändert hat, du mit eingeschlossen?

Das Trauermodell von William J. Worden und das Labyrinth

Das Modell des Trauerforschers William J. Worden macht sehr deutlich, dass Trauer immer wieder einzigartig ist. Worden spricht von »Aufgaben« und tatsächlich verlangt Trauer eine Aktivität von uns, für jeden im eigenen Tempo. Dies zu wissen, kann Begleiter/innen von Trauercafés helfen, individuelle Bedürfnisse der Trauernden und ihre unterschiedlichen Strategien, mit diesen Bedürfnissen umzugehen, zu erkennen und zu unterstützen.

Wordens Ansatz lässt sich folgendermaßen zusammenfassen: Trauerarbeit heißt

- den Verlust begreifen und akzeptieren
- Gefühle und Trauerschmerz zulassen
- mit den durch den Verlust entstandenen Veränderungen leben lernen und
- dem Verstorbenen einen guten Ort zuweisen.

Hinzufügen möchte ich noch das »Funktionieren« in Trauerzeiten, wenn man den Alltag stemmen muss und erst einmal kein Raum für die Trauer da ist oder gegeben wird. Auch das hat zeitweise seine Berechtigung und ist keine einfache Aufgabe.

Diese Traueraufgaben sind keine starren aufeinanderfolgenden Stationen. Sie sind ein Modell, eine Orientierung, die helfen kann, den Wandel in Trauerzeiten zu unterstützen. Es ist durchaus möglich und wahrscheinlich, dass mehrere Aufgaben gleichzeitig bearbeitet werden, dass sie sich wiederholen und verändern.

Worden hat sein Trauermodell übrigens nicht ausschließlich für den Tod erarbeitet. Es ist ebenso anwendbar bei Scheidungstrauer, Verlust von Gesundheit oder Arbeitsplatz bis hin zum verloren gegangenen Schnuller des Kleinkindes.

Ein altes spirituelles Bild für menschliche Lebenswege, das ich neben dem Worden-Modell in meiner Arbeit immer wieder erwähne und nutze, ist das Labyrinth.

Nehme ich das Labyrinth als Symbol für den Lebensweg, auf dem es gute und schwere Zeiten gibt, auf dem ich mal schneller und mal langsamer unterwegs bin und auch mal pausiere, dann stelle ich bei näherem Hinsehen fest, dass ich mich immer auf die Mitte zubewege, solange ich mich bewege. In der Außenperspektive zeigt sich, dass ich in Zeiten, in denen ich mich schmerzlich weit entfernt von meinem gesetzten Ziel fühle, oft näher dran bin, als mir bewusst ist.

Wenn man nun ein Labyrinth aufzeichnet und die vier Aufgaben von Worden, einschließlich der zusätzlichen Aufgabe »funktionieren« hinzufügt, könnte man das Labyrinth in fünf Bereiche teilen, die farblich markiert deutlich machen, welche Wege, Gefühle, Veränderungen und Verortungen durchschritten werden.

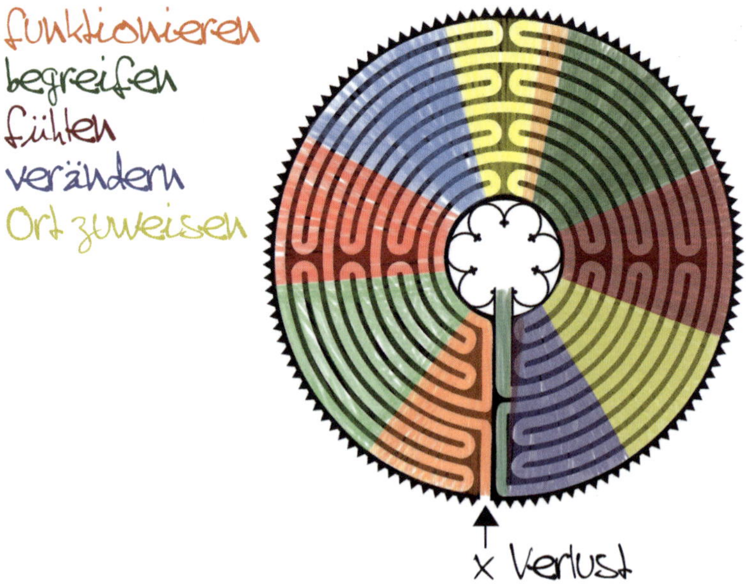

Gesprächsthemen im Trauercafé zum Labyrinth

- Kenne ich die Situation, in der, ähnlich einer Kehrtwendung im Labyrinth, von einem Moment auf den anderen die Stimmung umschlägt?
- Erlebe ich auch, dass sich Trauer mit der Zeit schwerer statt leichter anfühlt?
- Wo im Labyrinth würde ich mir derzeit einen Platz zuordnen?
- Stehe ich mit meinen Freunden und Angehörigen an der gleichen Stelle im Labyrinth oder befinden sich alle eher an unterschiedlichen Orten?

In der Trauer funktionieren

In fast allen Familien- oder Beziehungssystemen gibt es mindestens einen Menschen, der anfangs oder dauerhaft »funktioniert«, der nicht so intensiv in die Trauer hineingeht. Das gilt auch für nach einem Todesfall alleinstehende Menschen. Sie versuchen damit, eine zumindest äußere Ordnung und Orientierung zu schaffen, damit der Alltag wenigstens halbwegs weiter »laufen« kann.

Es ist wichtig, Menschen nach Verlusten in ihren unterschiedlichen Reaktionen wahrzunehmen und nicht zu bewerten. Es darf bewusst gemacht werden: In Verlustzeiten für sich selbst oder andere zu funktionieren, ist oft notwendig und in Ordnung, es bringt jedoch den eigenen Trauerprozess nicht voran.

Wenn die Alltagsstrukturen wieder etwas mehr gelebt werden können und sich damit das Leben wieder stabiler anfühlt, könnte auch die Zeit der Trauer einen Platz bekommen.

Es kann sein, dass Männer und Frauen im Trauercafé anwesend sind, die von Bekannten geschickt wurden oder die kommen, weil sie glauben, aufgrund des erlebten Todesfalles ein solches Angebot wahrnehmen zu müssen – auch wenn sie aus sich selbst heraus keinen Bedarf verspüren. Vielleicht fühlen sich »Funktionierende« selbst falsch oder werden durch andere als »komisch« und fehl am Platz wahrgenommen.

Im Trauercafé ist es wichtig, dass andere Trauernde ihre eigene Trauererfahrung nicht negativ nutzen, um Neuankommenden Angst zu machen. Ein Satz wie »Warte mal ab, du fällst auch noch ins schwarze Loch« ist unproduktiv und macht Angst. Das »schwarze Loch« könnte stattdessen mit allen thematisiert werden .

Ein bedeutsamer Verlust und seine Folgen sind Stress für Geist und Körper. Es ist wichtig, jedem Menschen, der einen nahegehenden Verlust erlitten hat, das Gefühl zu geben, dass er so sein darf, wie er gerade ist. Trauernde und deren Freunde bzw. Angehörige dürfen jedoch auch darauf aufmerksam gemacht werden, dass es völlig normal ist, sich erschöpft und überfordert zu fühlen, und man sich Erholungszeiten gönnen darf.

Gesprächsthemen im Trauercafé zu dieser Traueraufgabe

- Erinnere ich mich daran, dass ich anfangs, besonders um die Beerdigungszeit herum, »funktioniert« habe?
- Wurde ich von anderen Menschen zu dieser Zeit dafür gelobt, dass ich so tapfer sei?
- War ich über mich selbst erschrocken, dass ich scheinbar keine Gefühle hatte?

- Ist mir bewusst, dass sich Trauergefühle immer einen Weg suchen, sich zu zeigen, und wenn es über Bauchschmerzen oder Ängste ist?
- Habe ich bewusst meine Trauer zurückgestellt, um anderen in meiner Nähe behilflich zu sein?
- Habe oder hatte ich Angst vor dem »schwarzen Loch«, vor dem, was noch alles auf mich zukommen könnte?
- Wann kam die Zeit, der Moment, als ich bewusst anfing zu trauern?
- Habe ich in der Anfangszeit persönliche Gegenstände vom Verstorbenen weggeworfen, die mir in der jetzigen Zeit der Trauer fehlen?
- Was, wenn ich meine Gefühle unterdrücke, weil sie niemanden etwas angehen außer mich selbst?

Die Wirklichkeit des Verlusts begreifen und als Realität akzeptieren

Trauern kann ich nur um das, was ich als Verlust begreife. Selbst bei erwarteten Toden stellt sich häufig ein Gefühl von Unwirklichkeit ein. Um trauern zu können, ist es notwendig, den erlittenen Verlust zu begreifen; anfangs durch Information, durch sprachliche und gedankliche Auseinandersetzung, durch das Erleben der Krankheitsphase, der Veränderung sowie der Begegnung mit dem toten Menschen: ihn sehen, fühlen, um tatsächlich zu be-»greifen«. Das bedeutet jedoch nicht, dass es ausreicht, einen Toten gesehen und berührt zu haben, um den Verlust zu begreifen. Das Begreifen findet an unterschiedlichen Orten, zu unterschiedlichen Zeiten und Situationen statt.

Das Bett neben mir ist leer, genauso wie der Platz am Tisch. Ich möchte gerne den vermissten Menschen anrufen, aber es geht niemand mehr ans Telefon. Monate nach dem Tod kommt Post an. Wer mäht den Rasen, schmückt die Wohnung, tanzt durch die Küche, spielt Gitarre, bringt Freunde mit nach Hause? Nichts mehr ist unordentlich. Und an Heiligabend fehlt der Ehemann, Vater und Opa in einer Person immer noch – oder wieder neu? Er ist doch derjenige, der die Weihnachtsgeschichte vorliest …

Immer dann, wenn ich den Verlust in einer neuen Dimension begreife, wird er ganz neu oder wiederholt betrauert. Es liegt jedoch in der menschlichen Natur, dass ich mich an bestimmte Situationen gewöhne, wenn ich sie bewusst durchlebe und auch durchleide, sodass man keine Angst haben muss, diese schmerzhaften Momente würden niemals enden.

Wenn im Trauercafé Augenblicke des Begreifens thematisiert werden, können durchaus Erfahrungen und Situationen angesprochen werden, die bei einigen »frisch« Trauernden möglicherweise noch in der Zukunft liegen. Denn schon im Vorfeld zu wissen, dass es solche Situationen und Reaktionen geben kann, tut Trauernden gut. Dabei geht es nicht darum, Angst vor der Zukunft zu machen, sondern sachlich zu erklären, was auf einen zukommen könnte, und sich darüber auszutauschen, wie andere mit diesen Situationen umgingen.

Kinder betrauern übrigens aufgrund ihrer Lebenserfahrung und dem kognitiven Todesverständnis nur das, was sie aktuell begreifen und verstehen können: *Jetzt* ist Oma nicht da, also sind sie *jetzt* traurig. Werden sie abgelenkt, vergessen sie die Ist-Situation und spielen wieder unbeschwert weiter, bis sie erneut, Stück für Stück, in das Verlusterleben hineinwachsen. Man nennt dies auch »in Trauerpfützen trauern«. Die Pfütze ist eine überschau- und überwindbare Trauerzeit, in die Kinder je nach Verlusterfahrung immer wieder neu hineinplatschen. Bei Schulkindern werden diese Pfützen größer und tiefer, bei Jugendlichen würde ich sie »Teich« nennen. Man kann diesen »Trauerteich« manchmal umgehen, ebenso aber auch tief darin eintauchen.

Erwachsene empfinden ihre Trauer wahrscheinlich eher als See oder Meer, weil sie die vielleicht lang andauernde Zeit überblicken. Manche würden sie auch als einen Teil des Lebensflusses bezeichnen.

Das erklärt auch, warum in manchen Familien jede und jeder etwas anders trauert: weil das Begreifen, die Dimension des Verlustes unterschiedlich ist. Es kann etwas mit der Beziehung, der Lebenserfahrung, der Hirnreife und dem Todesverständnis zu tun haben, aber nicht unbedingt etwas mit der Qualität der Trauer.

Trauernde Menschen benötigen eine klare und verständliche Sprache, damit sie den Verlust besser realisieren können. Niemand ist »friedlich eingeschlafen«, sondern bestenfalls ist derjenige »friedlich gestorben« und sah für die Angehörigen wie schlafend aus.

Trauern können bedeutet: begreifen müssen mit Bauch, Herz und Verstand.

Den Verlust als Realität zu akzeptieren, heißt nicht unbedingt, den Verlust gutzuheißen; es bedeutet jedoch, den Tod und das Nicht-mehr-irdisch-Wiederkommen anzuerkennen: Es ist, wie es ist.

Eine Frau sagt: »Ich weiß ja, dass mein Mann tot ist. Dennoch deckte ich anfangs immer den Tisch für ihn mit, in der Hoffnung, dass er doch wieder nach Hause käme.« Manchmal empfinden Trauernde diese Handlungen bzw. sich selbst als verrückt. Den Begriff »ver-rückt« darf man tatsächlich nutzen, ohne ihn jedoch mit geistiger Verwirrtheit zu verwechseln. Das Leben, wie es war, hat sich verändert, nicht nur Möbel, sondern auch Gewohnheiten werden verrückt. Und dabei kann es hilfreich sein zu wissen, dass ich den Verlust akzeptieren muss, um mein weiteres Leben selbstbestimmter gestalten zu können. Selbst verrücken, um nicht verrückt zu werden.

Manchen Menschen fällt es leichter zu akzeptieren als anderen. Das kann an einer Verlusterfahrung liegen ebenso wie an der Beziehung, der Erkrankung bzw. Diagnose oder einer Glaubenshaltung. Oft ist es trauernden Menschen nicht bewusst, dass sie das »Akzeptieren« vermeiden. Eine Frau erzählt im Trauercafé, dass sie sich immer wieder wünscht, ihr Mann würde ihr die Haustür öffnen. Ein Mann berichtet davon, dass er am fünften Jahrestag am Grab seiner Frau mit dem Fuß aufgestampft habe und innerlich schimpfte: »Verdammt, lieber Gott. Mach das Grab auf und lass meine Frau da wieder rauskommen!« Gleichzeitig wunderte er sich, dass neue Beziehungen bei ihm nicht lange andauerten. Ein anderer hadert mit den Ärzten und wirft ihnen einen Kunstfehler vor: »Wäre das nicht passiert, würde meine Frau noch leben!« Diese Situation macht ihn wütend und lässt die Trauer um seine Frau kaum zu. Er betrauert nicht ihren Verlust, sondern das Versagen der Mediziner.

Allen wurde erst durch die Gespräche im Trauercafé nach und nach klar, dass sie sich ständig vom Leben enttäuscht fühlen, solange sie es nicht akzeptieren wollen, dass der Ehemann nicht mehr die Tür öffnet, die Frau nicht mehr aus dem Grab kommt und die Ärzte tatsächlich Fehler begehen können. Dennoch ist die Verneinung des Verlustes hin und wieder auch berechtigt, weil dadurch vielleicht anfangs der Schmerz besser auszuhalten ist.

Die Chance von Trauercafés ist es, dass Teilnehmende im Austausch miteinander erkennen, dass sie oder ihre Angehörigen mit ihren unrealistischen Vorstellungen nicht alleine sind.

Gesprächsthemen im Trauercafé zu dieser Traueraufgabe

- Wann habe ich begriffen, dass »mein Mensch« sterben musste?
- Habe ich es jetzt schon begriffen?
- Geht es mir und meinen Angehörigen da ähnlich?
- Wer oder was hat mir geholfen, den Verlust zu begreifen?
- Wer oder was hat mir das Begreifen leicht bzw. schwer gemacht?
- Habe ich den Verlust gleichzeitig mit dem Begreifen akzeptiert?
- Hadere ich mit dem Schicksal und ärgere ich mich mehr über die Umstände drumherum, als dass ich an den Verstorbenen denke?
- Wer oder was hat es mir erleichtert, dass ich das Geschehene akzeptieren kann?
- »Es ist, wie es ist …« Gab es Zitate oder Aussagen von anderen, die hilfreich waren?

Die Vielfalt der Gefühle und den Trauerschmerz durchleben und verarbeiten

»Da musst du durch!« ist einerseits ein dummer und andererseits ein kluger Spruch. Es kommt immer darauf an, wer ihn wie und wann ausspricht.

Viele Menschen durchleben in der Trauer körperlichen wie auch emotionalen Schmerz. Das Trauercafé bietet einen Raum, um Tipps und Tricks auszutauschen, was bei Herzschmerz und anderen Symptomen hilfreich sein kann.

Das Trauercafé-Team kann aber darauf verweisen, dass es eine Tatsache ist, dass Verluste meist schmerzhaft sind, und es auch darum geht, diesen Schmerz »bestmöglich« auszuhalten. Ich nenne dies »sich eine emotionale Muskulatur zulegen«: es einzuüben, Stück für Stück mehr Trauerschmerz zuzulassen, und vorher, währenddessen oder im Nachhinein zu überlegen, wer oder was hilfreich war oder sein kann, die qualvolle Situation besser auszuhalten bzw. den Schmerz zu mildern.

Ich möchte Antidepressiva nicht ihren Wert absprechen, denn sie können bei tatsächlichen Krankheiten ihre Berechtigung haben. Jedoch möchte ich darauf hinweisen, dass Trauer erstens keine Krankheit, vielmehr eine normale Reaktion auf einen Verlust ist, und zweitens Beruhigungsmittel in Form von Tabletten, Alkohol, Cannabis oder Koks uns den Verlustschmerz nicht nehmen, sondern ihn bestenfalls betäuben. Auch Arbeitswut, übertriebene sportliche Betätigung oder andere extreme Ablenkungen werden den Trauerprozess nicht verringern, allenfalls verlängern bzw. verschieben.

Menschen, die ich begleite, berichten immer wieder, dass sie heute, nach dem Erleben von Verlust und Trauer, das Gefühl haben, mehr aushalten zu können als viele Menschen in ihrem Umfeld. »Die jammern schon über den kleinsten Schnupfen, während ich weiß, was man alles aushalten kann.«

Wenn William J. Worden von der Vielfalt der Trauergefühle spricht, meint er mehr als weinen. Trauernde Menschen sprechen oft von Sehnsucht, Leere, Schuldgefühlen, Wut, Angst, Einsamkeit, Erstarrung, Sinnlosigkeit, Nachsterbegedanken usw.

Appetitlosigkeit, Konzentrationsstörungen, Sinnestäuschungen, Überempfindlichkeiten, Lustlosigkeit, Wortfindungsstörungen, Vergesslichkeit, Kopf- und Gliederschmerzen u. a. sind oft zusätzliche Symptome, die mit der Trauer einhergehen. Diese Reaktionen sind normal!

Gesprächsthemen im Trauercafé zu dieser Traueraufgabe

- Welche Vor- und Nachteile hat es, Gefühle angemessen zuzulassen oder sie teilweise bis ganz zu unterdrücken?
- Gäbe es eine Skala zwischen 0 (kein Schmerz) und 10 (unerträglicher Schmerz), wo würde ich für mich erträglichen Schmerz einordnen?

- Kann man vor Glück oder Trauer platzen – und warum?
- Kontrolliere ich alle meine Gefühle oder nur einige?
- Möchte ich den Trauerschmerz verwandeln und wenn ja, in was?
- Möchte ich die Trauer im Trauercafé zurücklassen? An wen würde ich sie dort am liebsten abgeben?
- Ist Trauer Liebe?
- Welche Gefühle habe ich bisher in meiner Trauerzeit erlebt?
- Welche Gefühle vermisse ich bei mir selbst?
- Habe ich in meiner Kindheit gelernt, Gefühle zuzulassen?
- Kann ich Gefühle benennen?

Sich in der veränderten Umwelt zurechtfinden

Laut Worden sind nach dem Verlust eines nahestehenden Menschen drei große Bereiche bedeutsam:

1. Die *Umwelt bzw. Außenwelt* und der *Alltag* werden vom Tod beeinflusst. Beispiele dafür sind finanzielle Einbußen oder Gewinne, Verlust von Freundschaften oder Wohnort, Änderung des Bekanntenkreises, der Arbeitszeit etc., aber auch ein Dazugewinn von Freiheit, Hobbys oder Bekanntschaften.

2. Die *Selbstwahrnehmung* ändert sich, denn aufgrund eines Verlustes bleibt und fühlt sich kein Mensch wie der »Alte«: Sowohl die Vielfalt der Gefühle, die positiven und negativen Erfahrungen, die neuen Verantwortlichkeiten als auch die Verarbeitung all dessen entscheiden über

- unser Selbstwertgefühl: »Was bin ich mir oder anderen ohne dich wert?«
- das Selbstbewusstsein: »Nehme ich mein Schicksal an und ist mir bewusst, dass nur ich den veränderten Weg weitergehen kann? Dass ich dies weder der Zeit noch anderen Menschen überlassen kann?«
- die Selbstwirksamkeit: »Bin ich dem Verlust unwillkürlich ausgeliefert oder kann ich selbst einen Teil der Zukunft mitgestalten? Bin ich in der Lage, mir notfalls Hilfe zu holen?«

3. Die *spirituellen Anpassungsleistungen* sind in Trauerzeiten ebenfalls gefragt. Menschen fragen und suchen nach dem Sinn. Sie

überprüfen, hinterfragen, bestärken oder verabschieden oft ihre Glaubens- und Wertvorstellungen.

Antworten auf die Sinnfragen müssen Trauernde selbst finden. Es steht Außenstehenden nicht zu, auf die Frage einer Trauernden, warum der Partner sterben musste, mit der Antwort zu reagieren: »Weil es Gottes Wille war.« Oder: »Sei dankbar, dass du ihn hattest.« Oder: »Er war doch schon so alt.« Die Sinnfrage braucht weder eine rationale Antwort noch eine Äußerung der Geisteshaltung der Umstehenden. Sinnfragen müssen vom Umfeld ausgehalten oder offen diskutiert werden, sie sind oft ein lautes Nachdenken. Durch selbst gezogene Vergleiche und den Austausch mit anderen wird sich der/die Betroffene selbst eine Antwort geben, die vielleicht vorübergehend oder auf Dauer trägt.

Damit das Leben auch in Trauersituationen weiter in Fluss bleibt, ist es wichtig, in der Lage zu sein, sich auf die veränderte Lebenssituation einzulassen und sich mit ihr auseinanderzusetzen. »Plan A«, mit dem Menschen, der verstorben ist, alt zu werden, funktioniert nun nicht mehr. Deshalb muss man »Plan B« ausprobieren, notfalls auch »Plan C«. »Aber wenn Plan C nicht funktioniert, wirst du merken, dass Plan D bedeuten kann, dass du für dich alleine dastehst und erst mal aufgeschmissen bist«, ist die Aussage einer trauernden Frau. Menschen, die flexibel denken und handeln können, die schon früher in kleineren Krisensituationen nach Lösungswegen suchen durften, werden nun gegenüber denen, die erstmalig einen Verlust eigenständig bearbeiten müssen, im Vorteil sein.

Gesprächsthemen im Trauercafé zu dieser Traueraufgabe

- Bin ich seit dem Tod ein »anderer« Mensch?
- Inwieweit hat sich meine Umwelt verändert?
- Fallen mir Veränderungen leicht oder ist es noch schwerer, sie anzugehen, als die Trauer auszuhalten?
- Kann der Tod eines geliebten Menschen jemals einen Sinn ergeben?
- Was, wenn ich nichts an meiner bisher gewohnten Situation verändere?

Dem Verstorbenen einen neuen Platz zuweisen

Dem Verstorbenen einen neuen Platz zuzuweisen, ermöglicht es dem trauernden Menschen, mit ihm verbunden oder von ihm getrennt zu sein, ohne dass die Weiterentwicklung des eigenen Lebens beeinträchtigt wird. Der eine Trauernde möchte den Toten im Himmel bei Gott und bei weiteren lieben Verstorbenen wissen, die nächste möchte ihn in ihrem Herzen tragen und ein weiterer ist dankbar für das Wissen um den Kreislauf der Natur, wo die Verstorbene zu Erde wird und somit dem neuen Leben nicht im Wege steht noch als Seele oder Geist auftaucht.

Weist der Hinterbliebene dem Verstorbenen einen Ort zu, besetzt nicht der Tote einen Platz und setzt sich ein Denkmal im Alltag, sondern der, der mit dem Verlust weiterlebt, gestaltet diesen äußeren oder inneren, sichtbaren oder unsichtbaren Platz.

Es ist möglich, dass der Trauernde einen Ort so sehr mit dem Verstorbenen besetzt, dass kaum noch jemand anderes dort Platz hat. Das kann z. B. das eigene Herz oder ein Raum in der Wohnung sein, der mit Bildern, Andenken und Kerzen vollgestellt ist.

Es könnte ein Impuls im Trauercafé sein nachzufragen, ob der neue Platz des Verstorbenen dazu dient, den Verlustschmerz zu erhalten, oder ob er dem neuen veränderten Leben eine Chance gibt. Dem toten Menschen einen Ort zuzuweisen bedeutet auch, ihn gehen zu lassen, ihn nicht an sich zu binden.

Gesprächsthemen im Trauercafé zu dieser Traueraufgabe

- Gibt es für deinen Verstorbenen einen Ort, wo er aus deiner Sicht gut aufgehoben ist?
- Wünschst du dich nach deinem Tod an den gleichen Platz?
- Können sich Orte verändern?
- Hast du eine Idee, was es mit Trauernden machen kann, wenn sie den Verstorbenen nicht »freigeben«?

Was gute Trauercafés auszeichnet

Alltagsnahe Unterstützung

In meiner Arbeit als Familientrauerbegleiterin wird mir jeden Tag deutlich, dass Menschen in Trauerzeiten dann Hilfe suchen und wertschätzen, wenn sie lebenstauglich ist. Sie fragen nach Unterstützung, die nahe an ihrem nun veränderten Alltagsleben ist, und nach Begleitung, die Klartext spricht. Trauernde Menschen benötigen deutliche, verständliche und dabei wertschätzende Worte.

Sie wollen ernst genommen werden und mögen keine »hospizliche Fremdsprache«. Sie wollen auf ihre Aussage »Es fühlt sich alles so dunkel an« keine Sätze hören wie »Auch für dich wird bald wieder die Sonne aufgehen«. Sie brauchen dann eher eine Bestätigung, dass sich Traurigkeit zu manchen Zeiten eben genauso anfühlt, sie benötigen den Austausch mit anderen, um zu erfahren, was denen in dieser Zeit geholfen hat und was sie selbst dazu beitragen können.

Auch »Deine Frau wacht jetzt als Schutzengel über dir« als Antwort auf den Gedanken »Seit meine Frau tot ist, fühle ich mich so alleine und verlassen« könnte zu Irritationen bei dem Mann führen, der doch eigentlich ins Café kam, um zu schauen, ob ihn da nicht die eine oder andere Frau trösten könne, die sich doch auch alle nun alleine fühlen müssten. Wer will da die verstorbene Frau in Engelsgestalt im Nacken sitzen haben – falls man überhaupt spirituell veranlagt ist. Das Gefühl der Einsamkeit und die Frage, ob neue Freundschaften eher eine Bereicherung oder Ersatzbeziehungen sind, wäre allerdings für viele ein interessantes Gesprächsthema.

Vor einiger Zeit sagte mir ein 35-jähriger verwitweter Mann: »Ins Trauercafé gehe ich nicht mehr, dort sitzen ja nur Männer und Frauen über 60, die miteinander Karten spielen. Ein Gespräch über Trauer war gar nicht möglich, weil sie schon seit Jahren dorthin gehen und sich nun als Freundesgruppe empfinden. Und mir geht es doch auch um meine Kinder.« Und eine Frau in den Sechzigern sagte mir nach einem Vortrag: »Sollte ich vielleicht besser mal eine Trauergruppe besuchen? Im Trauercafé ist mir das Angebot nicht anspruchsvoll genug. Dort werden Texte oder Gedichte vorgelesen, aber ich will doch mehr. Etwas Neues lernen und mich austauschen.«

Ich überziehe hier die Beispiele etwas – obwohl sie alle tatsächlich so vorgekommen sind. Es ist mir jedoch wichtig, deutlich zu machen, dass gute Trauercafés nichts mit Vertröstungsbars, spirituellen Runden oder Spiel- und Bastelkreisen zu tun haben. Sie sind zwar auch keine Weiterbildungsangebote, aber wenn wir uns den Bedarf anschauen, der benannt wird, können wir versuchen, das ein oder andere in das Trauercafé-Konzept aufzunehmen und es an die Ursprünglichkeit des Kaffeehauses anzulehnen. Wer weiß, vielleicht gehört das Trauercafé eines Tages zur anerkannten Szene-Bar? Schön wär's!

Tatsächlich liegt es hauptsächlich an der Leitung des Trauercafés, ob sich Menschen fast jeden Alters und fast jeden Typs dort finden und wohlfühlen. Nicht die Gruppe, sondern das Leitungsteam setzt den Standard, macht die Einladung. Das ist ein anspruchsvolles, aber auf jeden Fall umsetzbares Angebot.

Fachlichkeit und Respekt

Jede Form der professionellen Trauerbegleitung sollte durch zwei wichtige Aspekte charakterisiert sein: Menschen, die diesen Ort in Krisenzeiten aufsuchen, sollen dort Unterstützung und Beistand in einer von Verlust, Chaos und Neubeginn geprägten Zeit erhalten – von Menschen, die in der Trauerbegleitung qualifiziert ausgebildet sind und die Hoffnung auf gutes Weiterleben auch in Trauerzeiten in sich tragen. Zudem sollten die Trauernden auf Augenhöhe angesprochen werden: nicht demütig von unten hoch und nicht hochnäsig von oben herab. Sie schütteln den Kopf über diese Aussage? Ja, das dürfen Sie auch, ich tue es auch. Doch es gibt immer wieder Situationen, in denen Trauernde mit zu theoretischem und sachlichem Fachwissen überfrachtet oder als hilfsbedürftig behandelt werden.

Es geht in der Trauerarbeit um den Respekt gegenüber den Menschen, die in Verlustsituationen nicht Opfer des Schicksals bleiben wollen, sondern sich gemeinsam mit Unterstützung auf einen neuen Weg machen. Und Respekt vor dem trauernden Menschen bedeutet auch, dass Verantwortliche aus caritativen Organisationen oder Hospizen, den haupt- und ehrenamtlichen Leitungen eines Trauercafés eine gute Ausbildung zukommen lassen.

Trauercafés sind Kontaktorte

Offene Trauercafés sind Angebote, die Trauernde – ähnlich einem Straßencafé – ohne Anmeldung aufsuchen können, um dort bei Kaffee und Gebäck anderen Menschen zu begegnen, die ebenfalls einen Verlust betrauern. Sie können in der Gemeinschaft oder beim Kleingruppengespräch wieder Mut und Kraft für das Leben ohne den verlorenen Menschen schöpfen.

Das Trauercafé-Angebot richtet sich unabhängig von Alter, Nationalität und Konfession an Menschen, die vor längerer oder auch erst vor kurzer Zeit einen ihnen nahestehenden Menschen verloren haben.

Trauercafés sind Genussorte

Ein Kaffeehausbesuch ist eine Auszeit – in Alltagssituationen und erst recht in Trauerzeiten. Ein Café aufzusuchen bedeutet, sich etwas zu gönnen. Deshalb ist es wichtig, dass die Atmosphäre einladend und gemütlich, das Gebäck- und Getränkeangebot appetitlich ist. Servietten und kleine Accessoires, die es methodisch erleichtern, ins Gespräch zu kommen, wirken tiefer, wenn sie liebevoll ausgewählt wurden. Welche Hintergrundmusik gibt es? Oder spielt ein Musikant auf? Wie riecht es in einem Café? Nach Vanille, Zimt oder einem Hauch Parfum? Überlegen Sie, welche Bilder, Gerüche und Melodien bei Ihnen entstehen, wenn Sie die Augen schließen und an ein schönes Café denken. Was möchten Sie anderen und sich selbst anbieten?

Ein Trauercafé planen und vorbereiten

Zielgruppe

Bevor Sie zu einem Trauercafé einladen, ist es wichtig zu klären, an wen Sie sich mit Ihrem Angebot richten wollen: Werden erwachsene Trauernde ganz allgemein angesprochen, vielleicht sogar Menschen, die um ein Haustier trauern? Oder wollen Sie sich an eine spezifische Gruppe Trauernder richten, z. B. ausschließlich an Verwitwete oder an Eltern, die ein Kind verloren haben?

Darüber hinaus ist es sinnvoll, sich mit folgenden Fragen zu beschäftigen:

- Können die Gäste unangemeldet teilnehmen oder ist eine Anmeldung erwünscht?
- Dürfen Eltern ihre Kinder mitbringen und, wenn ja, gibt es eine Spielecke oder Kinderbetreuung?
- Könnte es eine gemischte, eine Frauen- und eine Männergruppe geben?
- Wie lange dürfen die Gäste das Trauercafé nutzen?
- Was machen wir, wenn es mehr Gäste als Plätze gibt?
- Bieten wir Kaffee und Kuchen kostenfrei, im Verkauf oder gegen eine Spende an?

Nach einem halben Jahr bietet es sich an, gemeinsam im Team zu reflektieren, ob der Verlauf des Trauercafés der Idee und den Möglichkeiten aller entspricht oder ob Veränderungen notwendig sind.

Menschen, die ein Trauercafé aufsuchen, möchten sich mit anderen ähnlich Betroffenen austauschen, Erfahrungen hören, Kontakte knüpfen, vielleicht die neu gewonnene Freiheit auskosten oder die Leere füllen. Sie möchten meist über den Verstorbenen und die damit einhergehende Veränderung sprechen. Gleichzeitig können durch den Besuch des Trauercafés auch Informationen über den Trauerprozess und Trauermodelle vermittelt werden. Denn die Transparenz der Trauerarbeit ist für die Selbstbestimmung und Selbstwirksamkeit der trauernden Menschen jeden Alters absolut wichtig. Gruppenteilnehmende sollen wissen, dass nicht allein das Zusammensitzen mit ähnlich Betroffenen ihre Trauer verändert, sondern auch die Auseinandersetzung mit fundierten Trauermodellen, an denen sich die Gruppenleitung orientiert.

Warum besuchen Menschen ein Trauercafé? Trauernde wollen in einer Gruppe ähnlich Denkender und Fühlender Zuflucht finden vor dem Mitleid, dem Unverständnis oder auch der Trauer-Ignoranz nahestehender Menschen. Sie wollen sich als »traurig« und deshalb als »normal« erleben, und nicht als außenstehend oder als »nicht funktionierende Personen« wahrgenommen werden. Dies ist für viele Trauernde ein Grund, ein Trauercafé aufzusuchen. Dazu kommen noch weitere Aspekte:

- Der Zeitfaktor: die Auseinandersetzung mit der Trauersituation braucht Zeit und Räume, in denen man zur Ruhe kommen und sich auf Themen rund um den Verlust konzentrieren kann. Das Trauercafé bietet diesen Raum.
- Halt und Sicherheit durch den Austausch mit Gleichgesinnten, die über eine ähnlich veränderte Lebenssituation sprechen.
- Die Möglichkeit, einen reflektierenden Blick auf den bereits gelebten Trauerprozess zu werfen, das »Hier und Jetzt« mit Ausblick auf die Zukunft zu besprechen, mit Hoffnung nach vorne zu schauen und dadurch das eigene Leben wieder gezielter steuern zu können.
- Indem die Trauer-Alltagssituationen der Einzelnen angesprochen werden, nehmen die Besucher/innen Tatsachen und Reaktionen wie z. B. Vereinsamung, Überforderung, Zukunftsängste etc. als normal, aber änderbar wahr.
- Das Trauercafé bietet Anregungen für die Gestaltung des aktuellen Trauererlebens durch unterschiedliche Ausdrucksformen wie z. B. schreiben, reden, musizieren, spazieren gehen, sich ausgehfein machen, sprich: Wert auf die eigene Person zu legen.
- Die Realität des Todes und des Verlustes kann durch Gespräche und Austausch besser begriffen werden.
- In einem Umfeld des Verständnisses kann die Vielfalt der Gefühle, insbesondere der emotionale Schmerz (Sehnsucht, Leere, Einsamkeit, Herzschmerz, depressive Verstimmungen) benannt und zugelassen und durch den Austausch erträglicher gemacht werden.
- Die Besucher/innen haben die Chance, die eigene Neuorientierung auf dem veränderten Lebensweg mit anderen zu vergleichen, ohne mit Erfolgsdruck konfrontiert zu werden.
- Die Möglichkeit, sich über Veränderungen im alltagspraktischen und sozialen Bereich auszutauschen und sich gegenseitig zu unterstützen.
- Der Wunsch, über den Wandel des Selbstbildes sowie Glaubens- und Hoffnungsbilder sprechen zu können.

- Durch Anregungen anderer dem verstorbenen Menschen einen Ort des Verbleibens zuzuweisen: durch Integration auf dem Lebensweg (z. B. an meiner Seite und in den Gedanken), in Ritualen (z. B. Gedenktagen) oder an einen bestimmten Ort (z. B. Himmel oder Friedhof) gebunden.
- Mit netten Leuten, guten Gesprächen, leckerem Gebäck und einem Getränk eine schöne Abwechslung im Alltag zu genießen.

Ausschlusskriterien für eine Teilnahme am Trauercafé könnten Anpassungsschwierigkeiten aufgrund unterschiedlichster Lebensprobleme sein. Manchmal wird erst durch den Tod deutlich, dass es noch weitere Lebenskrisen gibt, die aber keine so große gesellschaftliche Anerkennung erhalten haben, wie es der Todesfall manchmal schafft. Hier ist es wichtig, dass Trauerbegleitende hinschauen, ob nicht vielmehr eine Therapie benötigt wird.

Manchmal ist es auch schwierig, wenn Trauernde – insbesondere zu Anfang der Trauerzeit – in ihrem Verlusterleben so gefangen sind, dass ihre eigene Trauer einen zu großen Raum einnimmt und sie anderen dadurch Gesprächsmöglichkeiten nehmen. Dann ist es Aufgabe der Gesprächsleitung, die Bedürfnisse aller im Blick zu haben und gegebenenfalls das Gespräch entsprechend zu lenken.

Der Ort

Für Trauercafés eignen sich Räume in einer Trauerbegleitungsinstitution, einer Kirchengemeinde, in einem Bürgerzentrum oder in einem Hospiz. Es ist sehr sinnvoll, dass das Café immer am gleichen Ort stattfindet. Auch innerhalb eines Gebäudes sollten die Räume nach Möglichkeit nicht variieren, da besonders nach Verlusterlebnissen bekannte Strukturen und Äußerlichkeiten Sicherheit vermitteln.

- Der Ort sollte gut mit Bus und Bahn erreichbar sein. Parkmöglichkeiten sollten vorhanden und Toiletten gut zugänglich sein.
- Eine ausreichend große Räumlichkeit ermöglicht es, dass zwischen den Stühlen bzw. Tischgruppen der Teilnehmenden ein kleiner Abstand eingehalten werden kann. Die Größe eines Pfarrsaals allerdings wäre unangemessen, da der Café- bzw.

Kneipencharakter (je nachdem, welchen Namen das Angebot bekommt) verloren gehen würde.

- Um eine vertraute Gesprächskultur und einen gemütlichen Rahmen schaffen zu können, sollten Sie Durchgangsräume vermeiden.
- Die Gestaltung des Raums kann je nach Angebot unterschiedlich aussehen. Manche sitzen gemeinsam um einen großen Tisch herum, andere an kleinen Bistrotischen, auf Barhockern oder stehen an einer Theke. Wieder andere kommen in einer Wohnküche zusammen.
- Die Dekoration kann mit Blumen, Kerzen oder anderen, dem Thema entsprechenden Symbolen gestaltet werden.
- Wenn während des Cafés Kinderbetreuung angeboten wird, ist ein zweiter separater Raum, in dem es Spielzeug gibt, sehr wertvoll.
- Nicht geeignet sind Privaträume des Leitungsteams.

Die Zeit

Es bietet sich an, dass das Trauercafé jeweils zur gleichen Uhrzeit am gleichen Wochentag und, wenn möglich, immer im gleichen Zeitintervall, sprich z. B. an jedem ersten Mittwoch des Monats stattfindet.

Bei der Wahl der Uhrzeit sollten die günstigsten Zeiträume für die Zielgruppe berücksichtigt werden. Richten Sie Ihr Angebot an alleinstehende verrentete Menschen, können Sie auch die Vormittage nutzen. Wollen Sie eher jüngere Menschen ansprechen, sollten Sie sich an den üblichen Feierabendzeiten orientieren. Wenn Sie eine Abendveranstaltung planen, bietet es sich an, spätestens um 19.15 Uhr zu beginnen, damit anschließend noch genügend Zeit für einen eigenen Ausklang des Abends besteht, längere Fahrzeiten in Kauf genommen werden können und Familienväter oder -mütter auch in Schulzeiten ihre jugendlichen Babysitter nutzen können.

Es kann sinnvoll sein, den regelmäßigen Besucher/innen drei Tage vor dem Treffen per SMS eine Erinnerung zukommen zu lassen. Trauernde erleben sich selbst oft als unkonzentriert und vergesslich. Sie freuen sich meiner Erfahrung nach über diese Erinnerung und schreiben oft zurück. Dadurch wird zudem die Beziehung zwischen Teilnehmenden und Leitung niedrigschwellig gepflegt. Man ist »in Kontakt«. Ein Hinweis in der Tageszeitung oder im sozialen Netzwerk bewirkt neben der Einladung und Erinnerung auch noch Öffentlichkeitsarbeit.

Qualifikationen und Aufgaben des Leitungsteams

Qualifizierte Schulungen für die Begleitenden von Trauercafés sind wichtig, um »hobbypsychologisch« geführte Gespräche mit den Trauercafé-Gästen zu vermeiden. Trauerbegleitende, die lieber »aus dem Gefühl« heraus arbeiten, als sich schulen zu lassen, sind fehl am Platz und gefährlich in der Arbeit mit Menschen, die sich in einer Krise befinden! Auch qualifiziert z. B. eine eigene Verwitwung allein nicht dafür, ein Angebot für verwitwete Menschen zu leiten. Natürlich braucht es den »Bauch«, das »Gefühl«, aber qualifiziert wird man durch die Kombination von Kopf, Herz und Bauch. Anerkannte Anbieter von Trauerseminaren gewährleisten dies in Schulungen und ergänzenden Workshops (Adressen siehe Anhang).

Bei einer Besucherzahl von zehn und mehr Trauernden empfiehlt es sich, dass drei bis vier Personen im Leitungsteam sind, von denen mindestens eine Person eine qualifizierte Ausbildung als Trauerbegleiter/in hat. Die anderen sollten neben der Hospizausbildung (Sterbebegleitung) zumindest Workshops zum Thema Trauerbegleitung absolviert haben.

Alle sollten in der Lage sein, sowohl Einzel- wie auch Gruppengespräche methodisch zu führen. Denn ein Trauercafé ist keine Selbsthilfegruppe. Es ist wichtig, dass das Leitungsteam die Gespräche nicht die ganze Zeit über einfach »laufen lässt«, da sich ansonsten je nach Gesprächsdynamik Traurigkeit und Schwermut vergrößern können. Auf der Basis einer fundierten Ausbildung in Trauerbegleitung ist es Aufgabe des Teams, als Input auch Anregungen der Bewältigung zu benennen.

Außerdem ist es sinnvoll, wenn Männer und Frauen im Team mitarbeiten. Gerade in sozialen Bereichen und bei emotionalen Themen sind Männer seltener vertreten, obwohl auch sie als Vorbilder zur Orientierung in schwierigen Zeiten benötigt werden.

Sind Männer mit im Team, ist eher gewährleistet, dass sich das Angebot wirklich an Männer und Frauen richtet. Man wird bei der Planung eher die Interessen beider Geschlechter berücksichtigen und auch »optisch« deutlich machen, dass sowohl Frauen als auch Männer eingeladen sind.

Grundsätzlich gilt, dass die Teamleitung an den Gesprächen im Trauercafé teilnimmt, sich jedoch mit persönlichen Erfahrungen zurückhält. Leitung ist weder ständige/r Beobachter/in noch Teilnehmer/in, sondern eher Moderator/in. Ihre Aufgabe ist es, den Gesprächsverlauf aufmerksam zu begleiten und gegebenenfalls Gesprächsimpulse zu geben. Wenn Teilnehmer/innen monologisieren, sollte sie zugunsten der anderen eingreifen und auch wertende Meinungen in Bezug auf die Unterschiedlichkeit von Trauerempfinden korrigieren. Auch gehört zu den Leitungsaufgaben, dass Verbindungen zwischen Trauernden hergestellt werden.

Neue Besucher/innen sollten darauf hingewiesen werden, dass sich in den Stunden nach dem Austausch im Trauercafé oder in der darauffolgenden Nacht Unruhe oder Trauerschmerz verstärken können. Dies liegt an der intensiven Auseinandersetzung mit der Trauer, die im Alltag meist in dieser Intensität nicht geübt ist. Es ist vergleichbar mit der »Erstverschlimmerung« bei der Einnahme homöopathischer Mittel: ein Zeichen dafür, dass die Wahl des Mittels die richtige war und eine erste Wirkung zeigt. Es ist als »normal« einzuordnen und wird mit der Zeit immer seltener vorkommen. Trauergefühle müssen nicht gefürchtet werden. Eher sollte man sich davor »fürchten«, auf Dauer gefühllos oder paradox zu reagieren, sprich: mit einem »Mir geht es gut!« den Trauerschmerz zu überspielen.

Verändert sich der Schmerz jedoch nicht oder hat der Trauernde ein ungutes Gefühl, ist es wichtig hinzuschauen, ob das Trauercafé nicht eher kontraproduktiv wirkt. Vielleicht ist ein Einzelgespräch oder eine stabile Trauergruppe sinnvoller, in der sich die Teilnehmenden verbindlich und regelmäßig treffen. Es wäre auch denkbar, dass aufgrund der individuellen Lebensgeschichte psychologische Hilfe benötigt wird.

Abschließend ist mir der Hinweis auf die Notwendigkeit des kollegialen Austausches und der Supervision wichtig. Unterstützende im pädagogischen Bereich können anderen nur hilfreich sein, wenn sie sich selbst und ihre Arbeit immer wieder reflektieren.

Gemeinsame Vereinbarungen

Um eine geschützte Atmosphäre sicherzustellen und einen offenen Austausch zu fördern, sind bestimmte Vereinbarungen notwendig. Sicherzustellen, dass diese im Bewusstsein bleiben und respektiert werden, ist mit Blick auf die Tatsache, dass Menschen unangemeldet in das Trauercafé kommen können, eine herausfordernde, aber umso wichtigere Aufgabe. Neue Besucher/innen sollten kurz in die Umgangsregeln eingeführt werden.

Folgende Regeln haben sich meines Erachtens bewährt:

- Persönliche Dinge werden nicht mit Namen verbunden aus der Gruppe herausgetragen. Dies wäre für die gesamte Trauerarbeit kontraproduktiv. Insbesondere in ländlichen Gegenden, wo jeder jeden kennt, ist es wichtig, sich gemeinsam auf Verschwiegenheit zu verständigen.
- Die Teilnehmenden sollen durch die Gesprächsimpulse der Leitung zum Erzählen und zum Austausch ermutigt werden. Dabei gilt immer die Regel, dass jeder nur so viel von sich erzählt, wie es ihm angenehm ist.
- Die Teilnehmenden dürfen ihre Gedanken immer aussprechen. Jedoch sollen Krankheits- und Sterbesituationen nicht in jeder Kleinigkeit geschildert werden. Das Gespräch bekommt ansonsten leicht eine dramatische Richtung und zieht die erzählende Person selbst wie auch die anderen Teilnehmenden in den Sog des vergangenen schrecklichen Geschehens hinein. Hier gilt es, die Erzählung durch andere Gesprächsimpulse zu unterbrechen oder aufzuzeigen, dass die damalige Situation Menschen handlungsunfähig gemacht oder schockierende Bilder hinterlassen hat, die durch Erzählungen weitere Menschen in Angstgefühle ziehen können. Ist es dem/der Teilnehmenden jedoch ein großes Bedürfnis, über diese Erfahrungen zu sprechen, könnte eine zusätzliche Einzelbegleitung hilfreich sein. Begleitende in Trauercafés sollten immer das Wohl aller im Blick haben.
- Im Trauercafé stehen die Trauernden und ihr Weiterleben mit dem Verlust im Fokus, nicht der/die Verstorbene.

- Alle Personen und Beiträge werden wertschätzend behandelt, dürfen aber natürlich hinterfragt werden. Weil unterschiedliche Persönlichkeiten das Trauercafé besuchen, treten unterschiedliche Ansichten und Perspektiven zutage – deshalb ist es wichtig, sich auf diese Regel zu verständigen. Auf Ratschläge oder Bewertungen in Bezug auf die unterschiedlichen Verluste und Reaktionen soll verzichtet werden, da es immer um die persönliche Verlusterfahrung geht, die sich z. B. nicht am Alter oder an der Dauer des Miteinanderlebens »berechnen« lässt.

Alternative Formen

Trauergespräche am Frühstückstisch: Bei Kaffee und Brötchen finden am Vormittag Gespräche »am Küchentisch« statt.

Männertrauerstammtisch oder Frühschoppen für Trauernde: Am Abend oder am Sonntagvormittag findet ein Treffen am Tresen eines Partykellers oder einer Kneipe statt, zu dem nur Männer oder Männer und Frauen gemischt eingeladen werden. Es gibt Kneipenbesitzer, die Gruppen vor der offiziellen Öffnungszeit Einlass gewähren.

Trauerbistro: Trauergespräche in lockerer Atmosphäre an Stehtischen mit Barhockern.

Ablauf eines Trauercafés

Der Ablauf eines Trauercafés kann in vier Phasen eingeteilt werden:

- Ankommen, einen Platz finden, Begrüßungsritual: ca. 20 Minuten
- Stärkung (Kaffeetrinken und Austausch): ca. 40 Minuten
- Kaffeeklatsch (Gesprächsrunde): ca. 40 Minuten
- Abwasch (Rückmeldung und Abschied): ca. 20 Minuten

Diese grobe Struktur liegt auch den Vorschlägen dieses Buches zugrunde.

Ankommen

Ich halte es für wichtig, mit den Gästen, die zum ersten Mal das Trauercafé besuchen, ins persönliche Gespräch zu kommen, um sie willkommen zu heißen und ihnen die Struktur des Cafés zu erklären. Gleichzeitig besteht durch die persönliche Begegnung die Möglichkeit zu erfahren, aus welchem Grund die Einzelnen gekommen sind und welche Themen sie beschäftigen. Das ist gut zu wissen, wenn man im Trauercafé Gesprächsanregungen geben will, die am Bedarf der teilnehmenden Trauernden orientiert sind. Ebenfalls fällt es aufgrund der Art des Verlustes oder der persönlichen Lebenssituation eventuell leichter, Kontakte zu anderen Trauercafé-Gästen herzustellen.

Deshalb empfiehlt es sich, dass – deutlich erkennbar – an einem Tisch ein/e ausgebildete/r Trauerbegleiter/in für Gespräche mit Neuankömmlingen und für akute Fragen anderer Trauercafé-Gäste ansprechbar ist. Denn es kann für neue Gäste irritierend sein, wenn sie in großer Trauer und vielleicht noch unerfahren im Austausch in einer Gruppe auf eine Tischrunde treffen, die scheinbar unbeschwert über Verlustsituationen spricht. Vielleicht will man auch erst mal hören, was so geschieht, wer für das Trauercafé verantwortlich ist, ob es Verpflichtungen gibt oder ob eigene Trauerreaktionen normal sind. Manche Dinge lassen sich anfangs oft besser in einem geschützten Rahmen ansprechen.

Darüber hinaus ist die Phase des Ankommens dafür da, dass alle Gäste ihren Platz finden und sich anschließend austauschen: »Wer bin ich, wer ist bei mir verstorben und wie bin ich heute hier?« Dazu kann bei jeder Tischgruppe eine Person aus dem Leitungsteam sitzen und somit neuen Besucher/innen hilfreich zur Seite stehen.

Achten Sie auch darauf, dass Sie Menschen zusammenbringen, die ähnliche Interessen oder Schicksale haben, falls Sie darum wissen. Weisen Sie diese Besucher/innen darauf hin, warum Sie einen bestimmten Kontakt (zumindest für dieses eine Mal) fördern.

Manche Menschen ziehen es vor, sich immer wieder mit altbekannten Leuten zusammenzusetzen, weil es ihnen Sicherheit vermittelt. Das hat den Nachteil, dass abgegrenzte kleine Gruppen entstehen und die Offenheit Neuankömmlingen gegenüber verloren geht. Die Leitenden können durch unterschiedliche Sitzordnungen solche Konstellationen verändern. Es könnten anfangs etwa Karten auf den Tischen stehen, die eine Sitzordnung vorschlagen, z. B. ein Tisch nur für Januar-, Februar- und Märzgeborene, ein anderer für Geburtstagskinder von April bis Juni usw.

Manche Trauernde antworten auf die Frage, wie es ihnen gehe, sehr ausführlich, sodass es für eine Begrüßungsrunde zu langwierig und anstrengend sein kann. Die meisten reagieren jedoch mit den Begriffen »gut« oder »schlecht«. Es ist eine Antwort wie »schwarz« oder »weiß«. Zwischen »schwarz« und »weiß« gibt es jedoch 256 Grautöne in ihren unterschiedlichen Farbabstufungen. Vermutlich liegen zwischen »gut« und »schlecht« auch mindestens 256 verschiedene Gefühle. Um die Teilnehmenden dabei zu unterstützen, ihre Gefühle auszudrücken, kann man mit Emotionskarten, -würfeln oder einer Skala von 0 bis 10 arbeiten. Symbole, Zahlenskalen oder Farben bieten eine optische Vielfalt, die helfen kann, passende Worte für die eigene Gefühlswelt zu finden.

Die immer wiederkehrenden Einstiegsfragen könnten heißen:

- Wer bin ich bzw. wie heiße ich?
- Warum bin ich gekommen?
- Mit welchem Gefühl bin ich heute (das erste oder zum wiederholten Mal) hier?

Stärkung

Im Anschluss an die Begrüßungsrunde können sich die Besucher/innen mit Kaffee, Gebäck oder Kuchen stärken und sich über alltägliche Anliegen austauschen. Die Leitung kann immer wieder Aspekte, die die Trauer betreffen, aus dem Gespräch aufnehmen oder selbst Impulsfragen stellen.
Vorschläge für Impulsfragen:

- Ist (seit dem letzten Trauercafé) etwas geschehen, von dem ich berichten möchte?
- Was fiel mir in letzter Zeit eher schwer, was ging gut von der Hand?
- Von welchen schönen Erlebnissen kann ich berichten?

Kaffeeklatsch

Wenn die Tische abgeräumt werden und nur noch die Getränke stehen bleiben, kann von einer Person aus dem Leitungsteam das Thema des jeweiligen Treffens benannt und gegebenenfalls die Materialien (Fragekärtchen, Erinnerungskoffer etc.) dafür ausgeteilt werden.

Die Leitung kann die Tischgruppen für diese Aktion auch bewusst neu sortieren, damit sich nicht festgefahrene Grüppchen bilden (s. o.), die eines Tages keine Neuen mehr in ihren Kreis lassen. Die Gruppen können nach Geschlecht, Verlustsituationen oder Alter einheitlich oder gemischt zusammengestellt werden.

Um ins Gespräch zu kommen, bieten sich Fragen oder Aussagen an, die durchaus auch »provokant« sein dürfen. Sie können Themenbereiche und Gedanken ansprechen, von denen die Leitung weiß, dass es sie gibt, die aber aufgrund von Unsicherheiten oder gesellschaftlichen Tabus nicht angesprochen werden. Fragen dürfen zum Bestätigen, zum Nachdenken, zum Widersprechen auffordern, und machen dadurch einen Austausch facettenreicher.

Wenn das Leitungsteam Fragen für ein Trauercafé überlegt, sollte es sich dabei selbst fragen:

- Welche Bedeutung hat diese Frage?
- Was soll sie im Gespräch bewirken?
- In welcher Form kann sie den Trauerprozess positiv unterstützen?
- Orientiere ich mich bei den Inhalten an einem Trauermodell?
- Dürfte man mir in einem vertrauten Kreis in einer Trauersituation auch diese Frage stellen?

Bei der Frage »Dürfte man mir diese Frage stellen?« ist es wichtig, im Hinterkopf zu haben, dass der Trauernde die Frage nicht annehmen muss. Oft stellen wir uns in diesem Prozess schon eine Antwort vor und denken eher über die Antwort als über die Frage selbst nach.

Wenn der *Sinn* der Fragen (nicht die Frage selbst), auf Trauerprozesse bezogen, klar benannt werden kann, darf man sie auch stellen. In den Praxisvorlagen im zweiten Teil des Buches finden Sie etliche Beispiele, an denen Sie sich orientieren können. Scheuen Sie sich nicht, direkte oder außergewöhnliche Fragen zu formulieren.

Bedenken Sie vielmehr, dass man mit Trauernden im Alltag oft eher »drum herumredet« bzw. die Konfrontation mit den Themen Tod und Trauer meidet und sich sogar scheut, den Namen des/der Verstorbenen zu erwähnen.

Abwasch

In einer Abschlussrunde kommen noch einmal alle zu Wort. Impulsfragen können sein:

- Was nehme ich aus diesem Trauercafé-Treffen mit?
- Wie gehe ich (anhand der Skala oder Symbolen) nach Hause?
- Was nehme ich mir für diese Woche vor, was mir guttun wird?

Je nachdem, welchen Namen und welche Idee Sie für das Trauercafé haben, kann das Abschlussritual auch aus einem Lied, einem Gebet oder einem Gedicht bestehen.

Achten Sie darauf, dass die Trauercafé-Gäste mit einem positiven Impuls nach Hause gehen. Daher ist eine Frage wie »Was nehme ich mir vor, was mir guttun wird?« sehr wichtig.

Das Trauercafé kann mit diesen abschließenden Fragen beendet werden. Wenn Sie jedoch einen größeren Zeitrahmen zur Verfügung haben, kann es wertvoll sein, dass die Gäste ihren Besuch gemütlich ausklingen lassen können und sich weitere Gespräche ergeben, die sich häufig mit aktuellen Themen und Fragen aus dem Alltag beschäftigen. Auch das hat seinen Wert, denn das Café soll als niederschwelliges Angebot einen Alltagsbezug herstellen und neue Kontakte ermöglichen.

Januar: Blick in die Zukunft

Hintergrund

Die Besucher/innen können sich am Anfang über das vergangene Weihnachtsfest und den Jahreswechsel austauschen, bevor der Blick auf die Wünsche für das kommende neue Jahr gerichtet wird. Über die Freude oder Frustration der vergangenen Festtage zu sprechen, kann sehr entlastend sein. Denn viele Trauernde leiden unter Einsamkeit und der Sprachlosigkeit ihrer Umgebung.

Der Blick nach vorne ist oft hilfreich, weil er meist optimistisch ist. Kaum jemand ersehnt sich Schwierigkeiten oder Stillstand. Trauer braucht Hoffnung, das sollte niemals vergessen werden.

Dekoration und Material

- Lametta oder anderer Christbaumschmuck
- abgebranntes Feuerwerk
- Glaskugel oder Glasmurmeln

Ablauf

Begrüßung – 20 Minuten (mit Karten, Würfel, Skala etc.)

- Wer bin ich bzw. wie heiße ich?
- Warum bin ich gekommen?
- Mit welchem Gefühl bin ich heute (das erste oder zum wiederholten Mal) hier? Oder: Wie würde ich meine Stimmung auf der Skala einordnen? 0 – zu Tode betrübt, 10 – himmelhoch jauchzend?

Stärkung – 30 Minuten

Austausch bei Kaffee und Kuchen, z. B. über die vergangenen Weihnachtstage und den Jahreswechsel. Die Gesprächsleitung kann diesen Rückblick anregen, indem sie die Aufmerksamkeit auf den Weihnachtsschmuck und das Feuerwerk lenkt.

Kaffeeklatsch – 40 Minuten

Die Tischgruppen erhalten je eine größere Glaskugel oder jede Person erhält eine Glasmurmel.

Impulse dazu:

- Schau in die Glaskugel hinein, vielleicht kannst du damit in die Zukunft, in das neue Jahr sehen?
- Wenn du nichts siehst, was würdest du gerne sehen?

- Wer oder was könnte hilfreich sein, damit dein Wunsch in Erfüllung geht?
- Wenn du in der Kugel eine Schmunzelgeschichte von deinem verstorbenen Menschen sehen würdest, welche wäre es?

Die Leitung ermutigt durch Zwischenfragen, dass Gespräche über Gemeinsamkeiten oder spannende Dinge in Gang kommen. Alle Erzählungen werden wertschätzend behandelt.

Anschließend dürfen die Gäste eine Glasmurmel mitnehmen.

Abwasch – 20 Minuten

In einer Abschlussrunde kommen noch einmal alle zu der einen oder anderen Frage zu Wort:

- Was nehme ich aus diesem Treffen mit?
- Wie gehe ich (ausgedrückt anhand der Skala oder mithilfe der Symbole) nach Hause?
- Was nehme ich mir für diese Woche vor, was mir guttun wird?

Januar: Gegen die Kälte

Hintergrund

Meist ist es jahreszeitenbedingt im Januar kalt. Die Besucher/innen können sich über aktuelle oder frühere Winter und Winterurlaube austauschen, bevor die Kälte angesprochen wird, die viele Menschen empfinden, wenn sie traurig sind und sich einsam und vielleicht vom Alltagsleben ausgeschlossen fühlen. In diesem Trauercafé haben die Gäste die Möglichkeit, im Gespräch Strategien zu entwickeln, wie sie sich in »kalten Zeiten« Wärme und Wohlsein verschaffen können.

Dekoration und Material

- Buchstabennudeln
- Gemüsebrühe, Suppenschälchen und Wasserkocher
- Kirschkernkissen und/oder Wärmflasche
- eine gemütliche, abgewetzte Strickjacke (bzw. je eine Männer- und Frauenjacke, falls Männer und Frauen das Café besuchen)

Ablauf

Begrüßung – 20 Minuten (mit Karten, Würfel, Skala etc.)

- Wer bin ich bzw. wie heiße ich?
- Warum bin ich gekommen?
- Mit welchem Gefühl bin ich heute (das erste oder zum wiederholten Mal) hier? Oder: Wie würde ich meine Stimmung auf der Skala einordnen? 0 – zu Tode betrübt, 10 –himmelhoch jauchzend?

Stärkung – 30 Minuten

Austausch bei Kaffee und Kuchen, z. B. über die kalte Jahreszeit. Die Leitung kann dafür den Blick auf die Wärmflasche, das Kirschkernkissen und die warme Jacke lenken.

Kaffeeklatsch – 40 Minuten

Die Gesprächsleitung erzählt von einem Experiment aus Kanada: Forscher fanden heraus, dass Menschen in Traurigkeit oder Einsamkeit eher frieren als zu Zeiten, in denen sie sich wohlfühlen.

In einem Experiment wurden 65 Studierende in zwei Gruppen aufgeteilt. Die Gruppe derer, die sich an eine persönliche Erfahrung erinnern sollten, in der sie sich sozial ausgeschlossen, isoliert oder einsam gefühlt hatten, schätzten anschließend die Raumtemperatur als kühl ein. Die zweite Gruppe, die sich an schöne gemeinschaftliche Begegnungen erinnern sollte, empfand den Raum als warm.

In einem weiteren Experiment spielten die Studierenden ein Ballspiel am Computer, das so programmiert war, dass einige den Ball viel häufiger zugespielt bekamen als andere. Als die Teilnehmenden der Studie im Anschluss gebeten wurden, sich Kaffee, Tee, Gebäck, Limonade, einen Apfel oder eine heiße Suppe zu essen oder trinken zu bestellen, entschieden sich die benachteiligten Studierenden viel häufiger für den Kaffee oder die Suppe.

Die Forscher führten diese Vorliebe nach etwas Warmem oder Heißem auf ein körperliches Kältegefühl zurück, das durch negative Empfindungen hervorgerufen wurde. »Diese Gefühle lassen einen Menschen im wahrsten Sinne des Wortes frieren«, sagte der leitende Wissenschaftler Chen-Bo Zhong.

Im Duden liest man zu dem Begriff »frieren«: »einen Mangel an Wärme empfinden«.

Die kanadischen Forschungsergebnisse legen nahe, dass eine warme Suppe tatsächlich dazu verhelfen kann, sich besser zu fühlen. Die Schlussfolgerung wäre, dass es wirksam sein kann, wärmende Dinge in traurigen Zeiten bewusst zu nutzen.

Die Tischgruppen erhalten eine Tüte Buchstabennudeln mit der Aufforderung, Worte zu legen, die beschreiben, was ihnen guttut, wenn es kalt ist.

Die Trauerbegleitung moderiert das Gespräch und versucht, auch die zurückhaltenden Gäste mit ins Gespräch zu nehmen. Neben wärmenden Speisen und Getränken werden auch andere Dinge wie z. B. eine Jacke, vielleicht auch vom Verstorbenen, als Wärmespender in Betracht gezogen. Die heiße Dusche, das Wannenbad, die Wärmflasche, auch der »Rückzug« ins Bett unter die Kuscheldecke können hilfreich sein, ähnlich wie Gespräche oder Telefonate mit Menschen, die Verständnis haben und »emotionale Wärme« ausstrahlen.

Anschließend wird eine heiße Tasse Gemüsebrühe verteilt. Die Teilnehmenden können ihre Buchstabennudeln dort hineingeben und verzehren.

Abwasch – 20 Minuten

In einer Abschlussrunde kommen noch einmal alle zu den folgenden Fragen zu Wort:

- Was nehme ich aus diesem Treffen mit?

- Wie gehe ich (ausgedrückt anhand der Skala oder mithilfe der Symbole) nach Hause?
- Was nehme ich mir für diese Woche vor, was mir guttun wird?

Februar: Hoffnungszeichen

Hintergrund

Trauernde sind oft kälteempfindlich, sie frösteln jedoch nicht nur äußerlich, sondern häufig auch innerlich. Der Februar ist der letzte volle Wintermonat. Manch einer hat vielleicht nach einer dunkleren Kältezeit, gepaart mit der eigenen Trauer, vergessen, wie blühende Blumenwiesen aussehen können, ein anderer freut sich auf den Frühling. Denn für einige endet mit der Winterzeit auch ein Teil der persönlichen Frostperiode. Der Blick auf längere Sonnentage, das Frühlingserwachen in der Natur und wärmere Tage lässt auf bessere Zeiten hoffen.

Dekoration und Material

- Schneeglöckchen (künstliche oder echte)
- Zettel, die mit Metaphern zu Schneeglöckchen beschriftet sind
- leere Zettel und Stifte
- für alle Teilnehmenden: ein Foto/eine Postkarte mit Schneeglöckchen, die aus der Schneedecke herauswachsen, sowie eine Kopie des Textes »Hoffnung« (siehe unten)

Ablauf

Begrüßung – 20 Minuten (mit Karten, Würfel, Skala etc.)

- Wer bin ich bzw. wie heiße ich?
- Warum bin ich gekommen?
- Mit welchem Gefühl bin ich heute (das erste oder zum wiederholten Mal) hier? Oder: Wie würde ich meine Stimmung auf der

Skala einordnen? 0 – zu Tode betrübt, 10 – himmelhoch jauchzend?

Stärkung – 30 Minuten

Austausch bei Kaffee und Kuchen, z. B. über die bald endende Winterzeit. Es wird auf die helleren Tage, aber auch die Kälteeinbrüche hingewiesen.

Kaffeeklatsch – 40 Minuten

Auf allen Tischen werden Schneeglöckchen aufgestellt. Eigentlich sehen Schneeglöckchen ja in keiner Weise spektakulär aus. In der Masse würden sie untergehen, übersehen werden, als Solisten im Spätwinter aber sind sie konkurrenzlos.
Dazu kann die Geschichte vom Schneeglöckchen vorgelesen werden:

Das Schneeglöckchen

Es ist Winterzeit, die Luft kalt, der Wind scharf, aber zu Hause ist es warm und gut; zu Hause lag die Blume, sie lag in ihrer Zwiebel unter Erde und Schnee.

Eines Tages fiel Regen. Die Tropfen drangen durch die Schneedecke in die Erde hinab, rührten die Blumenzwiebel an und berichteten von der Lichtwelt über ihr. Bald drang auch der Sonnenstrahl fein und bohrend durch den Schnee, bis zur Zwiebel hinab und traf sie.

»Herein!«, sagte die Blume.

»Das kann ich nicht«, sagte der Sonnenstrahl, »ich bin nicht stark genug, um aufzumachen; ich bekomme erst im Sommer Kraft.«

»Wann ist es Sommer?«, fragte die Blume, und das wiederholte sie, sooft ein neuer Sonnenstrahl hinabdrang. Aber es war noch weit bis zur Sommerzeit. Noch lag der Schnee, und das Wasser gefror zu Eis – jede einzige Nacht.

»Wie lange das doch dauert! Wie lange!«, sagte die Blume. »Ich fühle ein Kribbeln und Krabbeln, ich muss mich recken, ich muss mich strecken. Ich muss hinaus, dem Frühling einen ›Guten Morgen‹ zunicken; das wird eine glückselige Zeit!«

Und die Blume reckte sich und streckte sich drinnen gegen die dünne Erddecke, die das Wasser von außen her weich gemacht, die der Schnee und die Erde gewärmt und in die der Sonnenstrahl hineingestochen hatte.

Sie schoss unter dem Schnee empor mit einer weißgrünen Knospe auf dem grünen Stängel, mit schmalen, aber dicken Blättern, die sie gleichsam beschützen wollten. Der Schnee war kalt, aber vom Tageslicht durchstrahlt und daher leichter zu durchbrechen, und hier traf sie auch der Sonnenstrahl mit stärkerer Macht als zuvor.

»Willkommen! Willkommen!«, sang und klang jeder Sonnenstrahl, und die Blume erhob sich über den Schnee in die Welt des Lichtes hinaus. Die Sonnenstrahlen berührten sie, bis sie sich ganz öffnete, weiß wie Schnee und mit grünen Streifen geputzt. Sie beugte ihr Haupt in Freude und Demut.

»Liebliche Blume!«, sang der Sonnenstrahl. »Wie frisch und leuchtend du bist! Du bist die erste, du bist die einzige, du bist unsere Liebe! Du läutest den Frühling und auch schon den Sommer ein, über Land und Stadt! Aller Schnee soll schmelzen, der kalte Wind wird fortgejagt! Wir werden gebieten. Alles wird grünen! Und dann bekommst du Gesellschaft, Flieder und Goldregen und zuletzt die Rosen; aber du bist die erste, so fein und leuchtend!«

Das war eine große Freude. Es war, als sänge und klänge die Luft, als drängten die Strahlen des Lichts in ihre Blätter und Stängel. Da stand sie, fein und leicht zerbrechlich und doch so kräftig in ihrer jungen Schönheit. Sie stand in weißem Gewande mit grünen Bändern und pries den Sommer. Aber es war noch lang bis zum Frühling, erst recht bis zur Sommerzeit, Wolken verbargen die Sonne, scharfe Winde bliesen über sie hin.

»Du bist ein bisschen zu zeitig gekommen«, sagten Wind und Wetter. »Wir haben noch die Macht. Die bekommst du zu fühlen und musst dich dreinfinden. Du hättest zu Hause bleiben und nicht ausgehen sollen, um Staat zu machen; dazu ist es noch nicht die Zeit.«

Es wurde schneidend kalt. Die Tage, die nun kamen, brachten nicht einen einzigen Sonnenstrahl; es war ein Wetter, um in Stücke zu frieren, besonders für eine so zarte, kleine Blume.

Aber sie trug mehr Stärke in sich, als sie selber wusste. Freude und Glauben an Frühling und Sommer machten sie stark, er musste ja kommen; er war ihr von ihrer tiefen Sehnsucht verkündet und von dem warmen Sonnenlichte bestätigt worden. So stand sie voller Hoffnung in ihrer weißen Pracht, in dem weißen Schnee und beugte ihr Haupt, wenn die Schneeflocken herabfielen, während die eisigen Winde über sie dahinfuhren.

»Du brichst entzwei!«, sagten die Schneeflocken. »Verwelke, erfriere! Was willst du hier draußen! Weshalb ließest du dich verlocken! Die Sonnenstrahlen haben dich genarrt! Nun sollst du es gut haben, du Sommernarr!«

»Sommernarr!«, schallte es durch den kalten Morgen, denn »Sommernarr« heißt im Dänischen das Schneeglöckchen. »Sommernarr« jubelten ein paar Kinder, die in den Garten hinabkamen. »Da steht einer, so lieblich, so schön, der erste, der einzige!«

Und die Worte taten der Blume so wohl, es waren Worte wie warme Sonnenstrahlen. Die Blume fühlte in ihrer Freude nicht einmal, dass sie gepflückt wurde.

Sie lag in einer Kinderhand, wurde von einem Kindermund geküsst und hinein in die warme Stube gebracht, von milden Augen angeschaut, in Wasser gestellt, so stärkend, so belebend. Die Blume glaubte, dass sie mit einem Male mitten in den Sommer hineingekommen war …

Nach Hans Christian Andersen

Folgende Fragen regen ein Gespräch zur Geschichte an:

- Kennst du das Gefühl, die Hoffnung auf den Frühling und Sommer in dir zu tragen?
- Wann hast du dich das letzte Mal auf etwas gefreut? Worauf würdest du dich gerne freuen?
- Ist man ein »Sommernarr«, wenn man trotz Trauer auf gute Zeiten hofft?
- Haben Wind und Schnee dich stärker oder härter gemacht?
- Spürst du manchmal ein Kribbeln, eine Ungeduld in dir? Etwas, das sich nach einem Ende der dunklen Trauerzeit sehnt?
- Bedeutet für dich der Sommer in der Geschichte, dass die Traurigkeit fort ist?

Eine Variante könnte ein Metaphern-Wortspiel sein, in dem man einen Bezug auf die Trauer mit ihren Hoffnungszeiten herstellt: Trauer ohne Hoffnungslichtblicke ist wie …

- ein Frühling ohne Schneeglöckchen
- ein Keller ohne Licht
- ein Auto ohne Sprit

Leere Zettel, die auf dem Tisch liegen, können die Gäste dazu anregen, ihre eigenen Metaphern auf die leeren Zettel zu schreiben.

Danach kommen alle miteinander in einen Austausch.

Die Trauerbegleitung moderiert das Gespräch und versucht, auch die zurückhaltenden Gäste mithilfe der Fragen ins Gespräch einzubeziehen. Zum Schluss erhalten die Gäste ein Foto von einem Schneeglöckchen und folgenden Text:

Hoffnung ist.
Hoffnung wächst.
Hoffnung kämpft.
Hoffnung wird herausgefordert,
aber niemals stirbt sie.
Sie stolpert,
aber niemals fällt sie.
Hoffnung ist Leben.
Leben ist Hoffnung.
Immer da,
immer in Bewegung.
Nicht wahrnehmbar oder unerhört präsent,
aber immer, immer: Da.
Nach Psalm 126, aus der Demokratischen Republik Kongo

Abwasch – 20 Minuten

In einer Abschlussrunde kommen noch einmal alle zu den folgenden Fragen zu Wort:

- Was nehme ich aus diesem Treffen mit?
- Wie gehe ich (ausgedrückt anhand der Skala oder mithilfe der Symbole) nach Hause?
- Was nehme ich mir für diese Woche vor, was mir guttun wird?

Februar: Masken und Narren

Hintergrund

Karneval, der meistens im Februar stattfindet, ist die Zeit des Narrentreibens. Menschen verkleiden sich und feiern ausgelassen. Ein Trauercafé im Februar kann für die Besucherinnen und Besucher einen guten Rahmen bieten, um sich darüber auszutauschen, ob und wie sie früher gefeiert haben und was Karneval jetzt für sie bedeutet. Auch die Aspekte »Durch Feiern Energie für schwere Zeiten tanken« und »Masken tragen« können interessante Themen sein.

Dekoration und Material

- Luftschlangen
- Masken aus Papier

- eine Cowboypistole
- eine Prinzessinnenkrone
- eine Tafel Schokolade
- Clownsnasen für alle Teilnehmenden
- Gebäck passend zur Karnevalszeit

Ablauf

Begrüßung – 20 Minuten (mit Karten, Würfel, Skala etc.)

- Wer bin ich bzw. wie heiße ich?
- Warum bin ich gekommen?
- Mit welchem Gefühl bin ich heute (das erste oder zum wiederholten Mal) hier? Oder: Wie würde ich meine Stimmung auf der Skala einordnen? 0 – zu Tode betrübt, 10 – himmelhoch jauchzend?

Stärkung – 30 Minuten

Austausch bei Kaffee und Karnevalsgebäck, z. B. zu den Karnevalstagen.

Kaffeeklatsch – 40 Minuten

Die Gesprächsleitung erzählt einführend von den Ursprüngen des Karnevals:

Karneval ist eine ganz alte Tradition aus vorchristlicher Zeit. Die Geister der Nacht erhalten durch die Masken eine Art Bewältigungsform. Als Geister verkleidet vertrieben die Menschen den Winter mit lärmenden Rasseln und Glocken, damit der Frühling einziehen kann. Die österreichischen Glöckler, Krampusse etc. sind ebenfalls in diesem Zusammenhang zu sehen.

Wer sich verkleidet, rückt auch manchmal gesellschaftliche Erwartungen zurecht, die an ihn gestellt werden. Da wird der korrekte Beamte zum Piraten oder die bisher unscheinbare Kollegin zur Partyqueen. Anlässe wie Karneval bergen die Chance, einen Teil der Persönlichkeit in den Vordergrund zu stellen, der im Alltag unter Umständen nicht wahrgenommen wird. Das bedeutet nicht, dass man immer nur größer, stärker oder schöner sein will, denn sonst gäbe es auf allen Karnevalspartys ausschließlich Superhelden und Topmodels. Tiefenpsychologisch betrachtet, ist das Verkleiden auch eine Möglichkeit, sich mit Dingen auseinanderzusetzen, die man fürchtet. Manchmal bestimmt aber auch einfach die Tagesform, welches Kostüm, welche Maske sich Menschen anlegen. Was bemerkenswert ist: Mit dem Kostüm verändern sich häufig auch Körperhaltung und Stimmlage, Gestik und Mimik.

Heute glauben die meisten Menschen nicht mehr an Geister, dennoch macht es ihnen oftmals Freude, in Verkleidung fröhlich zu feiern.

Die Karnevalszeit endet mit dem Aschermittwoch und es beginnt die christliche Fastenzeit, die heutzutage eine rein religiöse Bedeutung hat. Historisch gesehen war es jedoch die Zeit, in der die Wintervorräte zu Ende gingen. Man musste die Essensvorräte strecken, um bis zur ersten Ernte des Frühlings auszukommen. Das Wort »Fast-Nacht« ist durch den Begriff »Fasten« entstanden.

Auf den Tischen verteilt liegen die Karnevalsutensilien und Zettel, auf denen passende Fragen notiert wurden:

Luftschlange

Erinnerst du dich an ein schönes Fest vor oder nach dem Tod deines Angehörigen, an dem du ausgelassen gefeiert hast? Spürst du noch den einen oder anderen Freudefunken beim Erzählen in dir?

Maske

Gibst du dich manchmal nach außen anders, als du dich innen fühlst? Gibt es so etwas wie eine Trauermaske?

Clownsnase

Wann hast du das letzte Mal gelacht? Hast du herzlich gelacht oder war es eher ein anderes Lachen?

Pistole

Im Kindergarten fühlten sich die Cowboys mit der Pistole immer ganz stark. Bist du durch den Verlust stärker geworden? Oder glaubst du, du musst jetzt stark sein?

Krone

Kleine Prinzessinnen laufen mit der Krone und stolz erhobenem Kopf herum. Gibt es etwas, worauf du bei dem, was du seit dem Tod deines Angehörigen geschafft hast, stolz bist?

Tafel Schokolade
Verzichtest du auf Dinge, die dir vor der Trauerzeit wichtig waren? Verzichtest du bewusst oder notgedrungen?

Die Gesprächsleitung ermutigt durch Zwischenfragen, dass Gespräche über Gemeinsamkeiten oder spannende Dinge in Gang kommen.

Am Ende der Gesprächsrunde bekommen alle Gäste eine Clownsnase mit der Anregung geschenkt, sie neben den Badezimmerspiegel zu deponieren und während des Zähneputzens zu tragen. Sowohl die »Lächelhaltung« beim Zähneputzen wie auch die rote Nase werden eine Heiterkeit hervorrufen, die Einfluss auf die gesamte Stimmung haben kann – besonders bei anderen Leuten, falls man vergisst, die Nase nach der Morgenwäsche wieder abzunehmen …

Abwasch – 20 Minuten

In einer Abschlussrunde kommen noch einmal alle zu den folgenden Fragen zu Wort:

- Was nehme ich aus diesem Treffen mit?
- Wie gehe ich (ausgedrückt anhand der Skala oder mithilfe der Symbole) nach Hause?
- Was nehme ich mir für diese Woche vor, was mir guttun wird?

März: Es liegt was in der Luft

Hintergrund

Wir riechen die frische Frühlingsluft, ein After Shave oder Damenparfum, bekommen den Duft von Sauerbraten in die Nase, atmen die Meeresbrise ein – und denken direkt an eine Person, eine Begegnung oder eine Situation zurück: Stärker als alle anderen Sinne lösen Gerüche Erinnerungen in uns aus. Gerüche werden mit der Nase oder dem Mund aufgenommen und über den Riechkolben an das Hirn weitergeleitet. Da sie direkt und ungefiltert das limbische System erreichen, lösen sie dort Gefühle aus. Sie werden mit der einhergehenden Situation gekoppelt und bleiben dadurch besser im Gedächtnis bzw. erinnern daraufhin an bestimmte Situationen. Fragen wir Trauernde nach dem Geruch, den sie mit dem verstorbenen Menschen verbinden, fallen ihnen meistens direkt Düfte und damit verbundene Situationen ein. Es kann natürlich sein, dass es auch unangenehme Gerüche aus Krankheitszeiten gibt, die als Erstes einfallen. Dann könnte man fragen, mit welchem Duft der Verstorbene wohl gerne in Verbindung gebracht werden wolle. Diese »Zusatzfrage« wird anregend sein, Erinnerungen aus der Zeit vor dem Sterbeprozess abzurufen.

Wenn ich an meine Oma denke, dann rieche ich Lakritz, rieche ich den Duft von Lagerfeuer, fühle ich mich ins Sommerlager aus Pfadfinderzeiten zurückversetzt. Meistens fangen die Menschen an zu lächeln, wenn sie in die »duftenden Erinnerungen« gehen.

Dekoration und Material

- Riechdosen: kleine Salbendosen aus der Apotheke, gefüllt mit einem Wattebausch und einem Tropfen Aromaöl darauf
- eine Zitrone

- eine Zimtstange
- einige getrocknete Kräuter
- ein Fläschchen »4711«
- eine benutzte Pfeife
- eine Dose Babycreme
- andere duftende Gegenstände

Ablauf

Begrüßung – 20 Minuten (mit Karten, Würfel, Skala etc.)

- Wer bin ich bzw. wie heiße ich?
- Warum bin ich gekommen?
- Mit welchem Gefühl bin ich heute (das erste oder zum wiederholten Mal) hier? Oder: Wie würde ich meine Stimmung auf der Skala einordnen? 0 – zu Tode betrübt, 10 – himmelhoch jauchzend?

Stärkung – 30 Minuten

Austausch bei Kaffee und Gebäck, z. B. zu Frühlingsmüdigkeit oder Frühlingserwachen.

Kaffeeklatsch – 40 Minuten

Die Geschichte »Mamaduft« wird vorgelesen:

> **Mamaduft**
>
> Ich unterhalte mich mit Johanna. Sie ist 11 Jahre alt und sitzt mir auf ihrem Schreibtischstuhl gegenüber. Sie dreht sich hin, dreht sich zurück. Ich frage: »Johanna, fällt dir gerade etwas ein, was du am meisten vermisst?« Johanna hört auf, sich zu drehen, der Stuhl steht still.
>
> Sie denkt nach, dann sagt sie leise: »Das Essen von Mama.« Das glaube ich gern. Ihre Mutter war Spanierin – und eine Vollblutmama, wenn man den Erzählungen derer, die sie kannten, glauben darf. »Hat Mama gut gekocht?«, frage ich. Johanna nickt.

Nun könnte jemand sagen: »Wie bitte? Da fragen Sie das Mädchen, was es am meisten nach dem Tod der Mutter vermisst, und dann fällt ihr nur das Essen ein?« Nur das Essen? Ich glaube, es ist viel mehr als nur die Nahrung, die Johanna so sehr fehlt.

Kennen Sie das noch? Man geht an einem Sonntagvormittag durch eine Wohnsiedlung und kann auf der Straße den Sonntagsbraten riechen. Ich habe sonntags in Gelsenkirchen-Ückendorf auf dem Weg zur Kirche als Kind, als Jugendliche im Holtkamp immer Sauerbraten gerochen. Obwohl ich ihn nie gerne gegessen habe, gehörte Sauerbraten immer zum Kirchgang dazu. Wenn ich heute diesen Weg gehe, riecht es sonntags aus den Mietshäusern auch nach Essen. Und egal, was es gerade zu essen gibt, es erinnert mich immer an damals.

Diesen Gedanken habe ich im Kopf, denn ich glaube, Johanna meint etwas in dieser Richtung. Es geht eben nicht um Nahrungsaufnahme. Und wer um Trauerreaktionen weiß, der versteht auch, dass manche Menschen in Trauer manchmal essen, um eine innere Leere zu füllen, die aber mit Lebensmitteln nicht wirklich zu sättigen ist. Sie essen sich »Kummerspeck« an.

Bei meinem zweiten Besuch sitze ich mit Johanna auf dem Sofa, wir erzählen über dies und das. »Johanna«, sage ich, »als wir uns das letzte Mal trafen, da sagtest du auf meine Frage, was dir von Mama am meisten fehlt: ›das Essen‹. Ich habe darüber nachgedacht, meintest du satt werden oder wie es schmeckt oder wie meintest du das?« Johanna weiß sofort, was ich meine. »Den Geruch!«, sagt sie. »Der Geruch, wenn du nach Hause kommst und die Tür aufmachst?«, frage ich nach. Sie schaut ganz traurig, sehnsüchtig und sagt dann: »Nein. Nicht erst, wenn ich die Tür aufmache. Schon, wenn ich von der Schule nach Hause komme, aus dem Bus aussteige, den Weg entlanglaufe und dann am Gartentörchen ankomme, das dann aufmache, dann rieche ich es schon …« Ich sitze da und weiß: Ja, genau, und das, was war, das riecht sie nicht mehr. Das, was sie nicht riecht, was sie vermisst, ist Mutterduft. Genuss. Da ist »Eine-die-für-dich-sorgt«-Geruch. Zu Hause sein. Ankommen. Heimatduft.

Mamaduft.

Es gibt Kinder, aber auch Erwachsene, die kennen das nicht. Aber wer es kennt, der weiß sofort in Kopf und Herz und Bauch, was gemeint ist. Und wer es kennt, riecht jetzt etwas …

Aus: Mechthild Schroeter-Rupieper, Geschichten, die das Leben erzählt, weil der Tod sie geschrieben hat, Patmos ^{2}*2018, S. 139*

Anschließend werden auf den Tischen die duftenden Utensilien verteilt und die Gäste eingeladen, daran zu schnuppern. Fragen dazu könnten lauten:

- Welcher Duft kommt dir in den Sinn, wenn du an den verstorbenen Menschen denkst?

- Erinnert dich ein Duft auf dem Tisch an eine bestimmte Situation?
- Gibt es einen Duft, den du mit deiner Kindheit, deiner Jugend und/oder deinem Leben heute in Verbindung bringst?

Zum Abschluss kann das Lied »Es liegt was in der Luft« gespielt werden, z. B. in dieser Version:
https://www.youtube.com/watch?v=-AfkmVkAPAM

Oder das Gedicht »Frühling lässt sein blaues Band« wird vorgelesen und als Textblatt ausgeteilt.

Frühling lässt sein blaues Band
Wieder flattern durch die Lüfte
Süße, wohlbekannte Düfte
Streifen ahnungsvoll das Land
Veilchen träumen schon,
Wollen balde kommen
Horch, von fern ein leiser Harfenton!
Frühling, ja du bist's!
Dich hab ich vernommen!
Eduard Mörike

Abwasch – 20 Minuten

In einer Abschlussrunde kommen noch einmal alle zu den folgenden Fragen zu Wort:

- Was nehme ich aus diesem Treffen mit?
- Wie gehe ich (ausgedrückt anhand der Skala oder mithilfe der Symbole) nach Hause?
- Was nehme ich mir für diese Woche vor, was mir guttun wird?

März: Osterzeit

Hintergrund

Nach Weihnachten und Silvester ist die Osterzeit für Trauernde oft eine weitere Feierlichkeit, die schmerzlich bewusst macht, dass ein lieber Mensch fehlt. Vorgärten, Schaufenster und Wohnungen werden in Vorfreude mit bunten Eiern geschmückt, in Kirchen wird auf das Fest der Auferstehung hingewiesen. In der vorösterlichen Zeit ist es in vielen Familien üblich, dass Eier gekocht und gefärbt oder ausgeblasen und bemalt werden. Viele Trauernde können diese Vorfreude weniger oder gar nicht mehr teilen. In einer Gruppe Gleichgesinnter können in der Osterzeit gute Erinnerungen geweckt und überlegt werden, wie das Osterfest neu und stimmig gestaltet werden kann.

Das Ei ist in vielen Religionen ein Symbol für neues Leben, denn aus einem scheinbar toten Gegenstand schlüpfen Küken heraus. Ursprünglich hat das Ei als Symbol einen heidnischen Ursprung. Die christliche Kirche interpretierte in das Osterei den Triumph des Lebens über den Tod und zog einen Vergleich zu der Auferstehung Jesu nach dem Tod durch die Kreuzigung. Jedoch ließ die katholische Kirche in der Fastenzeit das Essen von Eiern nicht zu. Die Eier, die aber in dieser Zeit von den Hühnern gelegt wurden, kochte man hart, um sie haltbar zu machen. Sie wurden erst ab dem Ostersonntag wieder gegessen. Dies könnte der Grund für die besondere Gestaltung der Eierschale sein.

Dekoration und Material

- ausgeblasene Eier oder bunte Plastikeier (Plastikeier haben den Vorteil, dass sie nicht zerbrechen)
- wasserfeste Farb- oder Lackstifte

- kleine Zettel
- Zündhölzer
- Bänder zum Aufhängen der Eier

Ablauf

Begrüßung – 20 Minuten (mit Karten, Würfel, Skala etc.)

- Wer bin ich bzw. wie heiße ich?
- Warum bin ich gekommen?
- Mit welchem Gefühl bin ich heute (das erste oder zum wiederholten Mal) hier? Oder: Wie würde ich meine Stimmung auf der Skala einordnen? 0 – zu Tode betrübt, 10 – himmelhoch jauchzend?

Stärkung – 30 Minuten

Austausch bei Kaffee und Kuchen, z. B. zu den Ostertagen.

Kaffeeklatsch – 40 Minuten

Als Einstieg erzählt die Gesprächsleitung vom Ursprung der Ostereisymbolik (siehe Informationen oben).

Auf dem Tisch liegen die unbemalten Eier und die Stifte. Die Leitung schlägt vor, dass sich jeder zwei Eier aussuchen kann, wovon er eins für den Verstorbenen und ein weiteres Ei für sich selbst gestaltet. Es ist auch möglich, dass diejenigen, die das Ei nicht mit Mustern oder einem für sie bedeutsamen Symbol bemalen möchten, einen Zettel mit einem Wunsch für den Verstorbenen beschriften und in das Ei hineinstecken. Bei Plastikeiern kann man dazu mit einem heißen Metallgegenstand leicht ein Loch hineinschmelzen. Während die Gäste ihre Eier gestalten, kann die Leitung Fragen in die Runde geben:

- Habt ihr früher Ostereier selber bemalt oder gefärbt? Tut ihr es heute noch?
- Wurden Eier versteckt? Versteckt oder verschenkt ihr heute noch Eier?
- Hat dies für euch eine österliche Bedeutung oder ist es »nur« Brauchtum?

- Schmückt ihr in der Osterzeit eure Wohnung oder habt ihr in der Trauerzeit dafür zu wenig Energie?
- Wer war oder ist für die Osterdekoration und das Färben der Eier bei euch zuständig? Wird der Brauch heute noch, auch in der Trauerzeit, weitergeführt?

Abschließend regt die Gesprächsleitung die Gäste an, dem Ei für den Verstorbenen einen guten Platz zu geben. Das kann der Friedhof sein oder neben einem Foto zu Hause oder an einem Zweig im Garten. Auch das Ei, das man für sich gestaltet hat, soll einen guten Platz bekommen. Die beiden ähnlich gestalteten Ostereier können so eine Brücke zwischen dem Ort des Verstorbenen und des Lebenden darstellen, ein tröstendes Auferstehungssymbol oder einfach ein Farbtupfer in einer vielleicht trüben Zeit sein.

Abwasch – 20 Minuten

In einer Abschlussrunde kommen noch einmal alle zu den folgenden Fragen zu Wort:

- Was nehme ich aus diesem Treffen mit?
- Wie gehe ich (ausgedrückt anhand der Skala oder mithilfe der Symbole) nach Hause?
- Was nehme ich mir für diese Woche vor, was mir guttun wird?

April: Aprilwetter

Hintergrund

»April, April, der macht, was er will!« Heute so, morgen so. Es kann im April regnen, stürmen und schneien, manchmal scheint die Sonne so warm wie im Sommer und alle Leute, denen man dann beim Wetterumschwung begegnet, reden vom Aprilwetter. Ähnliche Gefühle kennen auch Trauernde, wenn sie von Stimmungsschwankungen und -wechsel sprechen.

Dekoration und Material

- Wettersymbole (Bestelladresse siehe Anhang)
- ein aktueller Wetterbericht vom Tag für jede Tischgruppe (ausgedruckt oder aus der Tageszeitung ausgeschnitten)

Ablauf

Begrüßung – 20 Minuten (mit Karten, Würfel, Skala etc.)

- Wer bin ich bzw. wie heiße ich?
- Warum bin ich gekommen?
- Mit welchem Gefühl bin ich heute (das erste oder zum wiederholten Mal) hier? Oder: Wie würde ich meine Stimmung auf der Skala einordnen? 0 – zu Tode betrübt, 10 – himmelhoch jauchzend?

Stärkung – 30 Minuten

Austausch bei Kaffee und Gebäck, z. B. zu Aprilwetter oder Aprilscherzen.

Kaffeeklatsch – 40 Minuten

Auf den Tischen liegen Wetterberichte aus dem April. Die Gesprächsleitung weist darauf hin, dass Stimmungsschwankungen in der Trauerzeit genauso normal sind wie Wetterschwankungen im April. Der Unterschied besteht allerdings darin, dass die Stimmungsschwankungen bei Trauernden in der Regel länger anhalten.

Dann werden die Wettersymbole auf den Tisch gelegt, von denen alle Karten mehrfach vorhanden sind. Die Gäste werden eingeladen, sich Wettersymbole auszusuchen, die ihre Stimmung der letzten Tage (oder vielleicht auch eines einzigen Tages) beschreiben.

Folgende Fragen können beim anschließenden Gespräch hilfreich sein:

- Was hilft dir, wenn eine Gewitterfront (Wut) bei dir aufzieht?
- Hast du einen Blitzableiter?
- Wo kannst du dich unterstellen, wenn ein Dauerregen (lang anhaltende Traurigkeit) nicht enden will?
- Was hilft, wenn man sich wie benebelt fühlt?
- Erwischt dich manches eiskalt oder fühlt sich alles lau an?
- Wer oder was kann dich wieder aufwärmen?
- Welches Wettersymbol ist dir das liebste und wann hast du diese Stimmung das letzte Mal gespürt?

Zum Ende der Kaffeeklatschgesprächsrunde darf sich jeder sein Lieblingswetter als Symbolkarte aussuchen und mit nach Hause nehmen. Die anderen Karten werden wieder eingesammelt.

Abwasch – 20 Minuten

In einer Abschlussrunde kommen noch einmal alle zu den folgenden Fragen zu Wort:

- Was nehme ich aus diesem Treffen mit?
- Wie gehe ich (ausgedrückt anhand der Skala oder mithilfe der Symbole) nach Hause?
- Was nehme ich mir für diese Woche vor, was mir guttun wird?

April: Die Libellenlarve

Hintergrund

Im April schlüpfen die ersten Libellen aus ihren Larven. Diese Larvenhüllen kann man meist an Gräsern finden, die nahe bei Gewässern stehen. Wenn man diese Larven findet, sieht man eine leere Hülle, die auf den ersten Blick wie ein lebendes Tier wirkt. Erst auf den zweiten Blick ist zu erkennen, dass es sich um eine leere Hülle handelt.

Die Libellenlarve ist eine Metapher für den toten Körper eines Menschen, der von der Seele bzw. vom Leben verlassen wurde. Viele Menschen empfinden den toten Körper, wenn sie ihn Stunden oder Tage später sehen, wie eine leere Hülle. Dann stellt sich den einen die Frage: »Wo ist der Mensch, die Seele, die Persönlichkeit hin, wenn sie hier fehlt?« Und die anderen erlangen dadurch die Gewissheit, dass es eine andere Form von Leben nach dem Tod gibt. Ganz sicher wird es noch weitere Vermutungen und Hoffnungen geben, die im Gespräch einen Raum bekommen können.

Es ist wichtig, darauf zu achten, dass die Gesprächsleitung nicht ihre eigene Glaubensvorstellung in den Vordergrund stellt und im Gespräch alle Vorstellungen Raum bekommen. Ich erlebte einen Mann, der auf diese Frage sofort mit der Aussage reagierte: »Komm mir jetzt nicht mit Himmel und Paradies. Nein, ich möchte keine Palmen sehen, wenn ich tot bin. Ich will einfach nur zu Erde werden. Ende, aus. Schicht im Schacht. Das ist es, worauf ich mich freue.«

Dekoration und Material

- Fotos von schlüpfenden Libellen
- leere Libellenlarven oder Fotos davon

- eine Kopie der Geschichte von den Wasserkäfern und der Libelle (siehe unten) für alle Gäste

Ablauf

Begrüßung – 20 Minuten (mit Karten, Würfel, Skala etc.)

- Wer bin ich bzw. wie heiße ich?
- Warum bin ich gekommen?
- Mit welchem Gefühl bin ich heute (das erste oder zum wiederholten Mal) hier? Oder: Wie würde ich meine Stimmung auf der Skala einordnen? 0 – zu Tode betrübt, 10 – himmelhoch jauchzend?

Stärkung – 30 Minuten

Austausch bei Kaffee und Karnevalsgebäck, z. B. zu Veränderungen in der Natur.

Kaffeeklatsch – 40 Minuten

Die Gesprächsleitung liest die Geschichte von den Wasserkäfern und der Libelle vor:

Am Boden eines kleinen ruhigen Teiches lebte eine Gemeinschaft von Wasserkäfern. Es war eine zufriedene Gesellschaft, die dort im Halbdunkeln lebte und damit beschäftigt war, über den Schlamm am Boden des Teiches hin und her zu laufen und nach etwas Nahrung zu suchen.

Immer wieder bemerkten die Wasserkäfer jedoch, dass der eine oder andere von ihnen nach einiger Zeit anscheinend das Interesse daran verlor, bei ihnen zu bleiben. Er klammerte sich dann an den Stengel einer Teichrose und kroch langsam daran empor, bis er verschwunden war. Dann wurde er nie mehr gesehen.

Eines Tages, als dies wieder geschah, sagten die Wasserkäfer zueinander: »Da klettert wieder einer unserer Freunde den Stengel der Teichrose empor. Wohin mag er wohl gehen?« Aber obwohl sie ganz genau zuschauten, entschwand auch dieses Mal der Freund aus ihren Augen. Die Zurückgebliebenen warteten noch eine lange Zeit, aber er kam nicht zurück.

»Ist das nicht eigentümlich?«, sagte der erste Wasserkäfer.

»War er denn hier bei uns nicht glücklich?«, fragte der zweite.

»Wo er jetzt wohl ist?«, wunderte sich der dritte.

Keiner wusste eine Antwort. Sie standen vor einem Rätsel.

Schließlich berief der älteste der Wasserkäfer eine Versammlung ein. »Ich habe eine Idee«, sagte er. »Der Nächste von uns, der den Teichrosenstengel hochklettert, muss versprechen, dass er zurückkommt und uns erzählt, wohin er gegangen ist, und warum.«

»Wir versprechen es«, sagten alle feierlich.

Nicht lange danach, an einem Frühlingstag, bemerkte genau derselbe Wasserkäfer, der diesen Vorschlag gemacht hatte, dass er dabei war, den Teichrosenstengel emporzuklettern. Höher und immer höher kletterte er. Und dann, noch bevor er wusste, was mit ihm geschah, durchbrach er auf einmal die Wasseroberfläche und fiel auf ein großes, grünes Teichrosenblatt.

Als der Wasserkäfer zu sich kam, schaute er verwundert um sich. Er konnte nicht glauben, was er da sah. Alles war ganz anders und auch sein Körper schien auf merkwürdige Weise verändert. Als er ihn neugierig zu betrachten begann, fiel sein Blick auf vier glitzernde Flügel und einen langen Hinterleib, die nun anscheinend zu ihm gehörten.

Noch während er sich über seine ungewohnte Form wunderte, spürte er ein Drängen, die Flügel zu bewegen. Er gab dem Drängen nach, bewegte seine Flügel und plötzlich, ohne zu wissen wie, befand er sich in der Luft.

Der Wasserkäfer war eine Libelle geworden.

Auf und ab, in engen und großen Kreisen, bewegte sich die neugeborene Libelle durch die Luft. Sie fühlte sich wunderbar in diesem so ganz andersartigen Element. Nach langer Zeit ließ sie sich auf einem Blatt zum Ausruhen nieder. In diesem Moment sah die Libelle hinunter ins Wasser. Und da waren ihre alten Freunde, die anderen Wasserkäfer, die hin und her liefen am Boden des Teiches. Jetzt erinnerte sich die Libelle an ihr Versprechen. Ohne lange zu überlegen, stürzte sich die Libelle hinab, um ihren alten Freunden zu berichten. Aber sie prallte an der Oberfläche des Wassers ab.

»Ich kann nicht zurück«, sagte sie traurig. »Zwar habe ich es versucht, aber ich kann mein Versprechen nicht halten. Und selbst wenn ich zurückkönnte, kein einziger meiner Freunde würde mich in meinem neuen Körper erkennen.«

Und nach einigem Nachdenken wurde ihr klar: »Ich muss wohl warten, bis sie ebenfalls Libellen geworden sind. Dann wissen sie selbst, was mir widerfahren ist und wohin ich gegangen bin.«

Und damit flog die Libelle glücklich empor, in ihre wunderbare neue Welt aus Licht und Luft.

Verfasser unbekannt

Folgende Fragen können als Gesprächsanregungen dienen:

- Habt ihr mit demjenigen, der verstorben ist, darüber gesprochen, ob ihr daran glaubt, dass der Tod nicht »Schluss, Ende, Aus« bedeutet?
- Ohne Wasser wäre für die Libelle im Erststadium (Ei und Larve) ein Überleben gar nicht möglich. Dennoch kann sie nach der

Verwandlung nicht mehr ins Wasser zurückkehren. Welche Beispiele für solche Wunder der Natur fallen euch beim Betrachten der Larvenhüllen noch ein? (Ein ähnliches Bild findet man auch in der Geschichte »Zwillinge im Bauch der Mutter«, in meinem Buch »Für immer anders«, Seite 51.)
- Die Libelle sieht die Wasserkäfer, umgekehrt sehen die Wasserkäfer die Libelle nicht. Glaubt ihr, dass die Verstorbenen einen Blick auf unsere Welt haben? Ist das ein gutes Gefühl oder irritiert es eher?
- Wenn du dir wünschen dürftest, ob und was nach bzw. mit dem Tod geschieht, was wäre es?

Abschließend erhält jeder Gast eine Kopie der Geschichte zum Mitnehmen.

Abwasch – 20 Minuten

In einer Abschlussrunde kommen noch einmal alle zu den folgenden Fragen zu Wort:
- Was nehme ich aus diesem Treffen mit?
- Wie gehe ich (ausgedrückt anhand der Skala oder mithilfe der Symbole) nach Hause?
- Was nehme ich mir für diese Woche vor, was mir guttun wird?

Mai: Wenn das Herz bricht

Hintergrund

Der Mai wird auch der »Monat der Liebe« genannt. In vielen Gegenden ist es Brauch, am 1. Mai an zentralen Plätzen von Dörfern und Städten oder vor dem Haus des Mädchens, das man verehrt, einen Maibaum aufzustellen. Trauer hat auch viel mit Liebe zu tun. Man hat seinen Liebsten, seine Liebste oder einen lieben Menschen verloren. Liebeskummer und ein gebrochenes Herz kennen viele Menschen aus der Pubertät, in Trauerzeiten erinnert der Schmerz oft daran. »Werde ich jemals wieder lieben können – das Leben, einen anderen Menschen oder mich selbst?« oder »Kann ein ›gebrochenes Herz‹ wieder heilen?« könnten Fragen Trauernder sein.

Dekoration und Material

- zweigeteilte Papierherzen oder Holzherzen in der Anzahl der Gäste (Bestelladresse siehe Anhang)
- Heftpflasterstreifen (2–3 für jeden Gast)
- Stifte für alle

Ablauf

Begrüßung – 20 Minuten (mit Karten, Würfel, Skala etc.)

- Wer bin ich bzw. wie heiße ich?
- Warum bin ich gekommen?
- Mit welchem Gefühl bin ich heute (das erste oder zum wiederholten Mal) hier? Oder: Wie würde ich meine Stimmung auf der Skala einordnen? 0 – zu Tode betrübt, 10 – himmelhoch jauchzend?

Stärkung – 30 Minuten

Austausch bei Kaffee und Gebäck, u. a. zur Frage, ob jemand beim Tanz in den Mai früher oder in diesem Jahr dabei war.

Kaffeeklatsch – 40 Minuten

An den Tischen wird ein Herz gezeigt, dessen zwei Teile so zusammengesetzt sind, dass es ein Ganzes ergibt. Die Leitung beschreibt, dass dieses Herz für alles steht, was wir lieben: Partner, Kinder, Enkelkinder, Eltern, Freunde, Haustiere, der Job, ein Gegenstand, ein Ort usw. Und wenn wir etwas verlieren, das wir lieben, dann fühlt es sich manchmal an, als würde das Herz einen Knacks bekommen oder sogar brechen.

Wenn die Leitung nun das Herz »auseinanderbricht« und umdreht, sehen die beiden Hälften aus wie zwei Tränen. Diese Tränen stehen als sichtbares Zeichen dafür, dass der Verlust eines Menschen, einer Sache, traurig macht.

Herzen können nach einem Verlust wieder heilen, weil wir Menschen die Selbstheilungskraft in uns tragen. Ein Verlust wird eine größere oder kleinere Narbe hinterlassen, d. h., es kann für immer schmerzhaft sein, dass ein Mensch, den man so sehr liebt, nicht mehr da ist. Aber es wäre schön, wenn das Herz auf Dauer berührbar, aber nicht mehr so verletzt wäre. Wenn eine Wunde, sowohl am Körper wie auf seelischer Ebene, nicht heilt, ist es wichtig hinzuschauen, welche Bedingungen dies verhindern. Ist es die Einsamkeit oder verhindert man selbst, dass der Schmerz aufhört, weil man es ansonsten als Verrat an dem Verstorbenen ansieht?

Was könnte den jetzigen Schmerz lindern, was könnte mir helfen? Dafür erhalten alle ein geteiltes Herz und Heftpflasterstreifen. Mit einem Stift kann man daraufschreiben, welchen »Inhaltsstoff« das Pflaster haben müsste, damit es ein Trostpflaster wäre. Es geht darum zu überlegen: Was tut mir gut, wenn es mir schlecht geht? Ist es ein Spaziergang, ein Glas Wein oder weinen? Ein Friedhofsbesuch oder das Trauercafé?

Wenn alle ihre Pflaster beschriftet haben, kann darüber gesprochen werden. Nicht jedes Pflaster muss benannt werden, aber der Austausch wird guttun, auch um vielleicht andere Ideen für sich aufzugreifen und auszuprobieren.

Jeder Gast nimmt sein Herz und seine Trostpflaster mit nach Hause.

Abwasch – 20 Minuten

In einer Abschlussrunde kommen noch einmal alle zu den folgenden Fragen zu Wort:

- Was nehme ich aus diesem Treffen mit?
- Wie gehe ich (ausgedrückt anhand der Skala oder mithilfe der Symbole) nach Hause?
- Was nehme ich mir für diese Woche vor, was mir guttun wird?

Mai: Niemals geht man so ganz

Hintergrund

Nur wenige Dinge haben so viel Einfluss auf unser Leben wie Musik. Musik kann uns auf einfache Weise mit Glück erfüllen. Filmmusik lässt die Zuschauer in eine Liebesszene eintauchen oder treibt bei einer Verfolgungsjagd den Herzschlag in die Höhe. Beim Autofahren singen wir lauthals mit, beim Kochen summen, schnipsen und rühren wir im Takt zu Musik aus dem Radio. Jogger motivieren sich beim Laufen mit der Lieblingsmusik aus dem Kopfhörer. Mit Kindermusik wird die lange Autofahrt für die Jüngsten erträglich und auch für die Erwachsenen kann ein schlechter Tag mit dem richtigen Lied zu einem besseren werden. Schlaflieder beruhigen und in der Kneipe plaudern wir mit Freunden, während im Hintergrund die Band für eine entspannte Atmosphäre sorgt oder uns mitsingen lässt.

Musik ruft auch Erinnerungen wach. Trauernde erinnern sich durch bestimmte Lieder an gemeinsame Erlebnisse und besondere Momente mit dem Verstorbenen.

In Trauerzeiten erinnern sich die meisten Leute gerne an die Zeiten, die man mit dem Verstorbenen verbracht hat. Erinnerungen bringen meist ein Lächeln in die Gesichter der trauernden Menschen. Spielt man Lieder ein, werden auch damit Erinnerungen abgerufen. Musik berührt das Herz und ruft Erinnerungen wach.

Dekoration und Material

- Fotos von beliebten Sängerinnen und Sängern
- Schallplatten als Gebäckplatte
- Textblätter des Liedes »Niemals geht man so ganz«

Ablauf

Begrüßung – 20 Minuten (mit Karten, Würfel, Skala etc.)

- Wer bin ich bzw. wie heiße ich?
- Warum bin ich gekommen?
- Mit welchem Gefühl bin ich heute (das erste oder zum wiederholten Mal) hier? Oder: Wie würde ich meine Stimmung auf der Skala einordnen? 0 – zu Tode betrübt, 10 – himmelhoch jauchzend?

Stärkung – 30 Minuten

Austausch bei Kaffee und Gebäck, z. B. zu aktuellen Charts, Lieblingsliedern oder Musikkonzerten, die derzeit stattfinden.

Kaffeeklatsch – 40 Minuten

Die Geschichte von Wolfgang Niedecken aus dem Buch »Niemals geht man so ganz« wird vorgelesen:

> Im Jahresrückblick »Menschen '87« von Günther Jauch bescherte uns Trudes Abschiedslied noch einen Fernsehauftritt.
>
> Das Ganze begann damit, dass Trude Herr und ich grade mit einer Probe für eine »Beast of Burden«-Umsetzung fertig waren und ein weiteres Glas Wein tranken, als Tommy Engel zu uns ins Studio kam. Er sollte mit Trude einen hochdeutschen Song, ein Abschiedslied mit dem Versprechen, bei Gelegenheit wiederzukommen, namens »Niemals geht man so ganz« einsingen. Trude wollte auf die Fidschi-Inseln auswandern und sich dort dem Schreiben und der Champignonzucht widmen. Es gefiel mir so gut mit ihr im Studio, dass ich mich bei der Frage: »Willste do nit och metsinge, Jung!« freute, dass die Party noch nicht vorbei war.
>
> Selten hatte ich so viel Spaß dabei gehabt, ein eigentlich trauriges Lied zu singen.
>
> Als Tommy und ich etwas später das Ergebnis unserer feuchtfröhlichen Aufnahmesession hörten, wollte ich das nicht glauben. Hatte ich es verdrängt oder bekam ich jetzt zum ersten Mal mit, wie rührselig, ähnlich Poesiealbumsprüchen, der Text geschrieben war? Meinen Part wollte ich herausgelöscht

haben, doch Trude, grade an den Beinen operiert, rief mich aus dem Krankenhaus an. Sie weinte: »Jung, dat kannste mir nit ahndunn! Ess doch alles fäädisch. Do hammer kein Zick mieh für, noch ens neu singe!«

Frauen und Tränen – das ist keine gute Kombination für mich. Ich bot Trude an, mit Tommy unsere Passagen neu einzusingen, um dann ohne Hochdeutsch dem Song etwas mehr Glaubwürdigkeit einzuhauchen. Als wir ihr die Neuaufnahme im Krankenhaus vorspielten, weinte Trude schon wieder, doch dieses Mal vor Freude.

»Niemals geht man so ganz« erlebte seine Premiere mit einem Playback-Auftritt am Ende von Jürgen von der Lippes Fernsehsendung »So isses«. Trude, die nur noch an Krücken gehen konnte, musste auf dem Weg ins Studio gestützt werden. Doch einmal im Rampenlicht, vergaß sie alle Schmerzen und gab alles. Das Publikum feierte sie.

Wir spielten noch einmal und Trude rockte endgültig die Bühne. Sie hatte ihre Schuhe weggekickt und tanzte den Schmerzen davon.

Es war, als stammte das Drehbuch für diesen Abend direkt aus der Bibel.

Aus: Mechthild Schroeter-Rupieper, Niemals geht man so ganz. Ein Buch voller Erinnerungen, Patmos 2012.

Danach können folgende Fragen ein Gespräch anregen:

- Welches Lied erinnert euch an eure Kindheit?
- Habt ihr zu Hause Musik gehört?
- Hattet ihr, der Verstorbene und du, den gleichen Musikgeschmack?
- Gibt es ein Lied, eine Musik, die euch zum Weinen bringt?
- Gab es ein Lied, das dich an eine Situation mit dem verstorbenen Menschen erinnert?
- Magst du Musik gerne laut oder leise hören?
- Gibt es Lieder bzw. Musik, die euch fröhlich macht?

Zum Ende der Gesprächsrunde wird das Lied »Niemals geht man so ganz« eingespielt:
https://www.youtube.com/watch?v=yOzqsMFKsMo
Wer mag, kann mitsingen (Textblätter liegen bereit).

Abwasch – 20 Minuten

In einer Abschlussrunde kommen noch einmal alle zu den folgenden Fragen zu Wort:

- Was nehme ich aus diesem Treffen mit?
- Wie gehe ich (ausgedrückt anhand der Skala oder mithilfe der Symbole) nach Hause?
- Was nehme ich mir für diese Woche vor, was mir guttun wird?

Juni: Wer bin ich?

Hintergrund

Immer wieder fragen sich Trauernde: »Wer bin ich ohne dich?« Wenn ein geliebter Mensch stirbt, verändert sich nicht nur der gewohnte Alltag, sondern es stellt sich gleichzeitig die Frage danach, was der Tod mit dem Überlebenden macht. Es wird nicht nur der Sinn des Lebens und Weiterlebens, sondern auch die eigene Identität infrage gestellt.

Dekoration und Material

- Film »Das kleine Ich bin ich« https://www.youtube.com/watch?v=ozsk73p9Tbs&t=2s oder das gleichnamige Bilderbuch (Jungbrunnen Verlag)
- falls der Film gezeigt werden soll: Computer, Leinwand (bzw. helle Wand) und Beamer
- Fragezettel für alle Tischgruppen
- Kopien eines farbigen Fingerabdrucks für alle Gäste

Ablauf

Begrüßung – 20 Minuten (mit Karten, Würfel, Skala etc.)

- Wer bin ich bzw. wie heiße ich?
- Warum bin ich gekommen?
- Mit welchem Gefühl bin ich heute (das erste oder zum wiederholten Mal) hier? Oder: Wie würde ich meine Stimmung auf der Skala einordnen? 0 – zu Tode betrübt, 10 – himmelhochjauchzend?

Stärkung – 30 Minuten

Austausch bei Kaffee und Kuchen

Kaffeeklatsch – 40 Minuten

Die Geschichte »Das kleine Ich bin ich« wird mit dem Bilderbuch erzählt oder als Film gezeigt.

Danach können die einzelnen Tischgruppen über folgende Fragen ins Gespräch kommen:

- Wenn man mich *heute* fragen würde: »Wer bist denn du?« – Was würde ich antworten?
- Glaube ich, dass ich *vorher* eine andere/ein anderer war?
- Wer oder wie möchte ich gerne *in Zukunft* sein?
- Das »kleine Ich bin ich« freut sich, dass es sich freuen kann. Wann hast du dich das letzte Mal gefreut?
- Kannst du dich heute über andere Dinge freuen als früher?
- »Ich bin ich.« So wie mein Fingerabdruck unverwechselbar ist, so bist auch du einmalig. Sicher wirst du dich durch Verluste und Gewinne in deinem Leben verändern, aber wenn man dein Leben in Farben ausdrücken würde, könnte es dann sein, dass du eines Tages bunter wärst als vor dem Todesfall?

Am Ende erhält jeder Gast eine Kopie mit einem bunten Fingerabdruck.

Abwasch – 20 Minuten

In einer Abschlussrunde kommen noch einmal alle zu den folgenden Fragen zu Wort:

- Was nehme ich aus diesem Treffen mit?
- Wie gehe ich (ausgedrückt anhand der Skala oder mithilfe der Symbole) nach Hause?
- Was nehme ich mir für diese Woche vor, was mir guttun wird?

Juni: Der längste Tag des Jahres

Hintergrund

Der 21. Juni ist auf der Nordhalbkugel der längste Tag des Jahres. Trauernde Menschen empfinden oft, die Zeit würde für sie eine Weile stehen bleiben, sich in die Länge ziehen oder aber rasend schnell vergehen, ohne dass man dabei zur Ruhe kommt. Manche wissen mit ihrer Zeit nichts anzufangen, wieder andere wünschen sich mehr Zeit. Es kann wertvoll sein, sich darüber auszutauschen, ob man den längsten Tag als Gewinn oder Gefahr sieht und wie man ihn und alle weiteren Tage in Zeiten der Trauer und für die Trauer lebendig gestalten könnte.

Dekoration und Material

- Bibeltext »Alles hat seine Zeit« (Prediger/Kohelet 3,1–8)
- Kopien einer Uhr/eines Zifferblattes in der Anzahl der Gäste
- Buntstifte

- Uhren aus Bonbons, die man sich mit einem Gummiband um das Handgelenk legen kann, in der Anzahl der Gäste

Ablauf

Begrüßung – 20 Minuten (mit Karten, Würfel, Skala etc.)

- Wer bin ich bzw. wie heiße ich?
- Warum bin ich gekommen?
- Mit welchem Gefühl bin ich heute (das erste oder zum wiederholten Mal) hier?
- Habe ich mir heute extra Zeit für das Trauercafé genommen?

Stärkung – 30 Minuten

Austausch bei Kaffee und Kuchen, z. B. zu unterschiedlichem Zeitempfinden.

Kaffeeklatsch – 40 Minuten

Der Text »Alles hat seine Zeit« wird für alle oder an den einzelnen Tischgruppen vorgelesen.

> Ein jegliches hat seine Zeit,
> und alles Vorhaben unter dem Himmel hat seine Stunde:
> Geboren werden hat seine Zeit, sterben hat seine Zeit;
> pflanzen hat seine Zeit,
> ausreißen, was gepflanzt ist, hat seine Zeit;
> töten hat seine Zeit, heilen hat seine Zeit;
> abbrechen hat seine Zeit, bauen hat seine Zeit;
> weinen hat seine Zeit, lachen hat seine Zeit;
> klagen hat seine Zeit, tanzen hat seine Zeit;
> Steine wegwerfen hat seine Zeit,
> Steine sammeln hat seine Zeit;
> herzen hat seine Zeit, aufhören zu herzen hat seine Zeit;
> suchen hat seine Zeit, verlieren hat seine Zeit;
> behalten hat seine Zeit, wegwerfen hat seine Zeit;
> zerreißen hat seine Zeit, zunähen hat seine Zeit;
> schweigen hat seine Zeit, reden hat seine Zeit;

lieben hat seine Zeit, hassen hat seine Zeit;
Streit hat seine Zeit, Friede hat seine Zeit.
Die Bibel, Prediger/Kohelet 3,1–8

Im Anschluss können sich die Gäste darüber austauschen, welche Zeiten einem zusätzlich noch in den Sinn kommen und mit welchen Dingen man seine Zeit verbringt.

Die Blätter mit den Uhren und die Buntstifte liegen auf den Tischen. Wer mag, kann in das Zifferblatt Gedanken malen, aufschreiben oder im Laufe des Gesprächs Notizen machen.

Fragen zur Gesprächsanregung können sein:

- Nimmst du dir Zeit für die Trauer? Und auch für die Freude?
- Bringen lange Tage Langeweile mit sich – und kannst du diese gut aushalten?
- Kennst du aus den letzten Wochen oder Tagen »Zeitvertreib«? Und welche Zeit möchtest du vertreiben?
- Wann hast du dir das letzte Mal bewusst Zeit für die Trauer gegönnt?
- Wie wirst du den längsten Tag des Jahres gestalten: genießen oder schnell rumbekommen? Fürchtest du ihn oder freust du dich darauf?
- Wirst du den längsten Tag des Jahres nutzen, um ihn mit etwas Gutem anzufüllen?
- Wie geht es dir zurzeit … und was wünscht du dir für die kommende Zeit?

Am Ende der Gesprächsrunde erhält jeder Gast eine Bonbonarmbanduhr.

Abwasch – 20 Minuten

In einer Abschlussrunde kommen noch einmal alle zu den folgenden Fragen zu Wort:

- Was nehme ich aus diesem Treffen mit?
- Wie gehe ich (ausgedrückt anhand der Skala oder mithilfe der Symbole) nach Hause?
- Was nehme ich mir für diese Woche vor, was mir guttun wird?

Juli: Beschirmt

Hintergrund

Viele Menschen fühlen sich im Sommer unter Sonnenschirmen wohl. Er bietet neben Schatten auch Schutz vor Sonnenbrand, bei einem Regenschauer sogar vor Nässe. Insbesondere trauernde Menschen empfinden sich oft als schutzbedürftig, weil sie sich verletzbarer, einsamer und dünnhäutiger fühlen. Das Symbol »Schirm – beschirmt sein« kann ein interessanter Gesprächsstoff im Trauercafé sein – vielleicht sogar im Freien unter einem Sonnenschutz.

Dekoration und Material

- einfarbige Papierschirmchen (Dekoschirmchen für Eisbecher)
- Kugelschreiber und Filzstifte
- Eis, Eisportionierer und Waffelschälchen

Ablauf

Begrüßung – 20 Minuten (mit Karten, Würfel, Skala etc.)

- Wer bin ich bzw. wie heiße ich?
- Warum bin ich gekommen?
- Mit welchem Gefühl bin ich heute (das erste oder zum wiederholten Mal) hier? Oder: Wie würde ich meine Stimmung auf der Skala einordnen? 0 – zu Tode betrübt, 10 – himmelhoch jauchzend?

Stärkung – 30 Minuten

Austausch bei Kaffee, Kuchen oder Eisbechern, die mit kleinen Papierschirmchen dekoriert sind, z. B. zum Sommerwetter, zu Sonnenschutzfaktoren bei Cremes, Sommerregen und dem Benutzen von Sonnenschirmen.

Kaffeeklatsch – 40 Minuten

Nach dem Kaffeetrinken bleiben die Papierschirmchen aus den Eisbechern auf den Tischen oder es werden neue verteilt. Die Besucher/innen werden eingeladen zu überlegen, wer oder was ihnen Schutz in der Trauerzeit bietet oder bisher geboten hat. Sie können die Schirme dazu passend mit Symbolen bemalen, mit Begriffen beschriften oder einfach nur darüber nachdenken.

Gesprächsanregungen zu den Papierschirmchen könnten sein:

- Wer oder was hat mir in meinem bisherigen Leben Schutz geboten? Ist es mir auch jetzt hilfreich?
- Wovor oder wofür benötige ich zurzeit Schutz?
- Verstecke ich mich unter dem »Schutzschirm«?
- Habe ich den Schirm selbst in der Hand oder wird er von anderen über mich gehalten?
- Reicht dieser Schutz aus oder benötige ich noch mehr, ähnlich einer Sonnenschutzcreme?
- Maria, die Mutter von Jesus, gilt als eine Patronin, die Schirm und Schutz bietet. Hat der Glaube eine beschirmende, schützende und behütende Funktion?
- Bin ich zum Schirmherrn oder zur Schirmherrin anderer geworden?

Am Ende der Gesprächsrunde nimmt jeder Gast seinen persönlich gestalteten kleinen Papierschirm mit nach Hause.

Abwasch – 20 Minuten

In einer Abschlussrunde kommen noch einmal alle zu den folgenden Fragen zu Wort:

- Was nehme ich aus diesem Treffen mit?
- Wie gehe ich (ausgedrückt anhand der Skala oder mithilfe der Symbole) nach Hause?
- Was nehme ich mir für diese Woche vor, was mir guttun wird?

Juli: Trauer-Urlaub

Hintergrund

Oft beginnen im Juli die Sommerferien, was bedeutet, dass viele Leute in den Urlaub fahren. Dadurch ergibt sich eine für trauernde Menschen interessante Frage: Kann man Urlaub von der Trauer machen?

Dekoration und Material

- Urlaubskataloge
- Ansichtskarten/Urlaubspostkarten, mit Fragen beschriftet (siehe unten)

Ablauf

Begrüßung – 20 Minuten (mit Karten, Würfel, Skala etc.)

- Wer bin ich bzw. wie heiße ich?
- Warum bin ich gekommen?
- Mit welchem Gefühl bin ich heute (das erste oder zum wiederholten Mal) hier? Oder: Wie würde ich meine Stimmung auf der Skala einordnen? 0 – zu Tode betrübt, 10 – himmelhoch jauchzend?

Stärkung – 30 Minuten

Austausch bei Kaffee und Kuchen, z. B. zu Urlaubsplänen und Urlaubserinnerungen.

Kaffeeklatsch – 40 Minuten

Nach dem Kaffeetrinken werden Urlaubskataloge und Postkarten ausgelegt.

Eine Situation aus einer trauernden Familie wird erzählt:

> Die 40-jährige Tochter ist verstorben. Ihre Eltern möchten mit den beiden Enkelkindern in den Urlaub fahren. Der Großvater möchte dorthin, wo sie immer waren, als die Tochter noch lebte. Der Gedanke daran tut ihm gut. Die Oma wird schon traurig, wenn sie an diesen Ort denkt, und möchte eine ganz neue Ferienstätte aufsuchen. In einem Trauercafé fragte der Großvater in die Runde: »Könnt ihr mir sagen, wer es von uns richtig macht?«

Auf dieses Beispiel könnte eine Diskussion folgen, deren Konsens sein könnte: Vielleicht muss man beide Ideen ausprobieren, um danach sagen zu können, was in der Realität eine gute Variante für weitere Familienferien sein kann.

Die ausgelegten Karten werden nun umgedreht. Darauf sind folgende Gesprächsanregungen zu lesen:

- Wenn ich mit meiner Trauer in den Urlaub fahren würde, wäre ich lieber alleine oder in einer Trauergruppe unterwegs?

- Ist es denkbar, in den Urlaub zu fahren und die Trauer zu Hause zu lassen?
- Wie kann man eine Urlaubszeit zu Hause gestalten?
- Kann man einen Urlaub trotz Trauer genießen?
- Ist bzw. wäre mein Ferienort der altbekannte oder ein neuer, nicht vorbelasteter (erinnerungsfreier) Ort?
- Wer oder was verschafft mir eine Pause im Alltag, die ebenfalls erholsam ist?

Zum Ende der Gesprächsrunde kann sich jeder Gast eine Postkarte aussuchen, deren Anblick ihm ein Urlaubs- oder Erholungsgefühl vermittelt.

Abwasch – 20 Minuten

In einer Abschlussrunde kommen noch einmal alle zu den folgenden Fragen zu Wort:

- Was nehme ich aus diesem Treffen mit?
- Wie gehe ich (ausgedrückt anhand der Skala oder mithilfe der Symbole) nach Hause?
- Was nehme ich mir für diese Woche vor, was mir guttun wird?

August: Der Schmerz der Muschel

Hintergrund

In Zeiten der Trauer fragen viele nach dem Sinn des Lebens und der Sinnhaftigkeit des Verlustes. Auch verursacht die Trauer seelische und häufig auch körperliche Schmerzen. Den meisten Trauernden ist bewusst, woher der Schmerz kommt; wie sie damit umgehen, ist dagegen sehr verschieden. Die einen versuchen zu unterdrücken, beißen die Zähne zusammen oder lassen sich durch Computer, ständige Arbeit, Alkohol, Beruhigungsmittel etc. ablenken, andere leiden ununterbrochen und wieder andere lassen die Traurigkeit hin und wieder zu. Ein Austausch im Trauercafé kann helfen, den eigenen Umgang mit dem Schmerz zu reflektieren.

Dekoration und Material

- Muscheln und etwas Sand als Tischdeko
- Frage-Kärtchen mit einer Muschelzeichnung/Muschelfoto auf der Vorderseite
- Perlenkette
- Kopien von der »Geschichte von der Perlmuschel« (siehe unten) für alle Gäste
- evtl. Kunstperlen oder Muscheln zum Mitnehmen

Ablauf

Begrüßung – 20 Minuten (mit Karten, Würfel, Skala etc.)

- Wer bin ich bzw. wie heiße ich?
- Warum bin ich gekommen?

- Mit welchem Gefühl bin ich heute (das erste oder zum wiederholten Mal) hier? Oder: Wie würde ich meine Stimmung auf der Skala einordnen? 0 – zu Tode betrübt, 10 – himmelhoch jauchzend?

Stärkung – 30 Minuten

Austausch bei Kaffee und Kuchen, z. B. zum Empfinden von Trauerschmerz.

Kaffeeklatsch – 40 Minuten

Die Geschichte von der Perlmuschel wird vorgelesen:

> **Die Perlmuschel**
> Eine wunderschöne Muschel schwamm im Meer. Um Nahrung aufzunehmen, musste sie sich immer ein wenig öffnen. Dann spülten mit dem Wasser Plankton oder andere kleine Pflanzenteile in die Muschel, von denen sie sich ernährte. Eines Tages geriet dabei ein Sandkorn in die Muschel. Es verletzte ihr Inneres mit seinen scharfen Kanten und tat ihr ziemlich weh. Die Muschel wehrte sich verzweifelt gegen dieses Sandkorn und versuchte alles, um es wieder loszuwerden. Sie öffnete und schloss sich mit allen Kräften. Sie drehte und wand sich, aber das Korn saß fest und ließ sich durch nichts hinausbewegen. Die Wunde, die das Sandkorn ihr zugefügt hatte, schmerzte immer schlimmer.
>
> Doch als die anderen Muscheln sie fragten »Was hast du? Ist alles in Ordnung?«, antwortete sie: »Danke, es ist alles in bester Ordnung, mir geht es sehr gut.« Nur keine Schwäche zeigen, dachte sie. »Ich muss tapfer sein und darf mir ja nichts anmerken lassen! Sonst lachen die anderen mich aus und mögen mich nicht mehr.« Plötzlich musste sie an ihre Mutter denken: »Stell dich nicht so an, und sei keine elende Heulsuse«, hatte sie immer gesagt. Und ihr Vater ergänzte: »Du siehst schrecklich aus mit deinem verheulten Gesicht. So mag dich bestimmt keiner!« Und dann hatte sie tapfer alle Tränen hinuntergeschluckt.

Eines Tages hielt es die Muschel vor Schmerz fast nicht mehr aus. Da kam ein sehr alter Tintenfisch vorbeigeschwommen. Er sah sofort, dass es der Muschel nicht gut ging. »Hallo Muschel, bist du krank oder hast du Kummer?«, fragte der Tintenfisch voller Anteilnahme. Die Muschel antwortete wieder: »Nein, es geht mir prächtig!« Aber vor lauter Schmerzen konnte sie kaum sprechen.

»Komm, lass dich mal in den Arm nehmen und ein wenig trösten!«, sagte der Tintenfisch und schlang einen seiner langen Arme vorsichtig um die Muschel. »Wir sind doch Freunde, und ich möchte dir gern helfen. Magst du mir nicht von deinem Kummer erzählen?« »Lachst du mich auch nicht aus? Und nennst du mich nicht Schwächling?«, fragte die Muschel immer noch zögernd. »Bestimmt nicht!« entgegnete der Tintenfisch. »Du musst nicht immer stark und tapfer sein und deinen Kummer in deiner harten Schale verschließen, sondern du darfst zeigen, wie dir zumute ist. Du darfst auch traurig sein und weinen.« »Wirklich?«, fragte die Muschel, immer noch zweifelnd. »Ich hatte solche Angst, ihr mögt mich dann alle nicht mehr. Ach, tut das gut, dass ich jetzt über meinen Kummer reden kann!« Und dann erzählte sie von dem Sandkorn und dass es keine Möglichkeit mehr gibt, es wieder loszuwerden. Und dabei weinte sie all die Tränen, die sie so lange Zeit krampfhaft zurückgehalten hatte. Der Tintenfisch hörte ihr geduldig zu und streichelte sie behutsam. Die Muschel ließ ihre Tränen fließen. Sie weinte und weinte, und ihre Tränen legten sich wie ein in allen Farben des Regenbogens schillernder Mantel um das Sandkorn und hüllten es sanft ein. Je mehr die Muschel weinte, desto mehr Tränen umschlossen das Sandkorn. Am Ende war in der Muschel eine wunderschön schimmernde Perle gewachsen. Und die Muschel konnte glücklich weiterleben.

Heinke Geiter, Die Perlmuschel, © hospiz verlag, Ludwigsburg

Danach können die einzelnen Tischgruppen über folgende Fragen ins Gespräch kommen:

- Fühlst du dich durch den Tod verletzt? Hast du dich gegen diesen Schmerz gewehrt?
- Hast du verletzende Reaktionen von nahestehenden Menschen erlebt? Sprüche wie: »Stell dich nicht so an!«?
- Schmerzt dich die Traurigkeit im Inneren ähnlich, wie die Muschel es vom Sandkorn berichtet?
- Sagst du manchmal die Unwahrheit, wenn du gefragt wirst, wie es dir geht? Wäre es dir lieber, nicht gefragt zu werden?
- Durftest du als Kind traurig sein?
- Wo und wem kannst du außerhalb des Trauercafés davon erzählen, dass du manchmal traurig bist?
- Gibt es jemanden wie den Tintenfisch aus der Geschichte, der dir guttut?
- Kennst du das erlösende Gefühl, Tränen weinen zu dürfen?
- Um einen Verlust zu bewältigen, benötigen wir die Fähigkeit zu trauern. Wie drückst du deine Traurigkeit aus?

Eine Frage, die gegen Ende der Gesprächsrunde bewusst an alle Gäste gerichtet werden kann: Kannst du dir vorstellen, dass durch die Trauer um den Verlust und die Auseinandersetzung damit eine Perle entstehen könnte? Was würdet ihr einander als »Perle« wünschen?

Am Ende erhält jeder Gast eine Kopie der Perlmuschel-Geschichte und eine Perle oder Muschel.

Abwasch – 20 Minuten

In einer Abschlussrunde kommen noch einmal alle zu den folgenden Fragen zu Wort:

- Was nehme ich aus diesem Treffen mit?
- Wie gehe ich (ausgedrückt anhand der Skala oder mithilfe der Symbole) nach Hause?
- Was nehme ich mir für diese Woche vor, was mir guttun wird?

August: Bierdeckel und Tortenspitzen

Hintergrund

Wenn Trauernde sagen, dass sie ein Trauercafé besuchen, dann stellen Außenstehende oft die Frage: »Und was macht man da? Kaffee trinken und weinen?« Oder: »Können da auch Männer hingehen oder ist das eher so ein Kaffeeklatsch?«

Das Gesprächsangebot in diesem Trauercafé soll verdeutlichen, dass sowohl Männer als auch Frauen an diesem Ort herzlich willkommen sind und dass das »Trauercafé« auch »Stammkneipe« heißen könnte. Es greift die Tatsache auf, dass Männer und Frauen zwar verschieden trauern, aber deshalb nicht »mehr« oder »weniger«.

Das Thema bietet darüber hinaus für das Vorbereitungsteam einen Anlass, das eigene Angebot zu reflektieren: Sind unsere Sprache, die Dekoration und die Trauerthemen sowohl für männliche wie weibliche Trauernde ansprechend und einladend?

Dekoration und Material

- Bierdeckel und kleine Tortenspitzen, mit Fragen beschriftet (siehe unten), und einige unbeschriftete
- Stifte

Ablauf

Begrüßung – 20 Minuten (mit Karten, Würfel, Skala etc.)

- Wer bin ich bzw. wie heiße ich?
- Warum bin ich gekommen?

- Mit welchem Gefühl bin ich heute (das erste oder zum wiederholten Mal) hier? Oder: Wie würde ich meine Stimmung auf der Skala einordnen? 0 – zu Tode betrübt, 10 – himmelhoch jauchzend?

Stärkung – 30 Minuten

Austausch bei Kaffee und Kuchen, z. B. zu männlichen und weiblichen Ausdrucksformen der Trauer.

Kaffeeklatsch – 40 Minuten

Nach dem Kaffeetrinken werden Bierdeckel mit Fragen zu typischer »Männertrauer« und Tortenspitzen mit Fragen zu typischer »Frauentrauer« offen oder verdeckt ausgelegt.

Die Teilnehmenden wählen eine Frage aus, lesen sie vor und beantworten sie. Die Frage kann auch an einen Tischnachbarn weitergegeben werden.

Alternativ können getrennte Männer- und Frauengruppen an unterschiedlichen Cafétischen angeboten werden.

So interessant es ist, sich geschlechtsspezifische Umgangsweisen oder auch Klischees im Umgang mit der Trauer anzuschauen und sie mit der Erziehung früher und heute zu vergleichen, so wichtig ist es auch, die Teilnehmenden nicht mit Vor- oder Pauschalurteilen zu überfahren.

Bierdeckel

- »Ein Mann weint nicht.« Sagt man das heute noch?
- »Du musst stark sein.« Was bedeutet in Trauerzeiten »Stärke«?
- Schützt Zorn viele Männer davor, anderen die traurigen Gefühle zu offenbaren?
- Sind Frauen in ihrem Trauerausdruck eher zu beneiden?
- Ist es unmännlich, Gefühle zu zeigen?
- Sprechen Männer mit anderen Männern über Traurigkeit?
- Wer ist dein Vorbild, wenn es um Gefühle und Männlichkeit geht?

Tortenspitze

- »Heulsuse« – sagt man das heute noch?
- Eine Frau geht in Trauerzeiten eher zum Psychologen.
- Frauen reden mit Hinz und Kunz über ihre Gefühle.
- »Starke Frauen kontrollieren ihre Gefühle.« Ist das eine Stärke?
- Würdest du gerne mit einem Mann in der Trauerzeit tauschen?
- Können Frauen besser trösten?

Wenn die Männer oder Frauen mögen, können sie auf leere Bierdeckel oder Tortenspitzen weitere Fragen oder Aussagen schreiben.

Abwasch – 20 Minuten

In einer Abschlussrunde kommen noch einmal alle zu den folgenden Fragen zu Wort:

- Was nehme ich aus diesem Treffen mit?
- Wie gehe ich (ausgedrückt anhand der Skala oder mithilfe der Symbole) nach Hause?
- Was nehme ich mir für diese Woche vor, was mir guttun wird?

September: Leuchtende Erinnerungen

Hintergrund

»Meine schönen Erinnerungen sind wie gelöscht, ich muss eigentlich nur noch an die Krankheitszeit denken«, sagte eine Frau Wochen nach dem Tod ihres Mannes. In Trauerzeiten erleben es Menschen häufig, dass sich über schöne Erinnerungen etwas Ähnliches wie ein Nebelschleier oder eine totale Dunkelheit legt. Wenn sie von dem Verstorbenen sprechen, steht oft die Krankheitsgeschichte im Vordergrund, gute Momente wirken verblasst. Manch einer hat die Sorge, die Erlebnisse, über die man früher lachen oder dankbar sein konnte, wären wie fortgeblasen.

Werden jedoch Fragen zu vergangenen Zeiten gestellt oder erzählen andere Menschen über eine Begebenheit, aktiviert das unsere Erinnerung und löst weitere Assoziationen aus – und lässt uns beim Gedanken daran oder dem Bericht darüber schmunzeln.

Dekoration und Material

- ein weißes Blatt Papier
- Wachsmalstifte
- Kratzpapier für alle Gäste
- Schaschlikspieße für alle Gäste

Ablauf

Begrüßung – 20 Minuten (mit Karten, Würfel, Skala etc.)

- Wer bin ich bzw. wie heiße ich?
- Warum bin ich gekommen?

- Mit welchem Gefühl bin ich heute (das erste oder zum wiederholten Mal) hier? Oder: Wie würde ich meine Stimmung auf der Skala einordnen? 0 – zu Tode betrübt, 10 – himmelhoch jauchzend?

Stärkung – 30 Minuten

Austausch bei Kaffee und Kuchen, z. B. zu Erinnerungen: Erinnert ihr euch eigentlich daran, wie ihr einmal über denjenigen, der gestorben ist, lachen musstet?

Kaffeeklatsch – 40 Minuten

Die Leitung nimmt ein weißes Blatt und beginnt zu erzählen, dass vor der ersten Begegnung mit dem verstorbenen Menschen diese Beziehung wie ein unbeschriebenes Blatt war. Danach füllte es sich mit bunten Erlebnissen, mal rot, mal grün, ein wenig grau oder schwarz, silber, orange … Und während sie erzählt, malt sie mit bunten Wachsmalfarben auf das weiße Blatt. Und wenn sie erzählt, dass eine Krankheit oder der Tod kam, wird mit einem schwarzen Wachsmalstift alles Bunte dick übermalt.

Lange Zeit wirkt es bei dem trauernden Menschen so, als sei alles düster und als seien vergangene frohe Dinge verloren gegangen. Aber mit der Zeit und auch in Gesprächen mit anderen werden die Lebenserinnerungen wieder lebendiger und tauchen wie Lichtblicke nach und nach auf. Während die Leitung dies erzählt, kratzt sie mit dem Schaschlikspieß aus der schwarzen Wachsschicht z. B. ein Segelschiff aus. Die meisten Gäste werden diese Malaktion noch aus Kindergartenzeiten kennen und da zum ersten Mal lächeln.

Alle Gäste erhalten nun eine fertige schwarze Kratzkarte und einen Holzspieß. Die Gäste werden eingeladen, Erinnerungen hineinzukratzen, zum Beispiel:
- das erste Kennenlernen
- einen schönen Urlaub
- ein besonderes oder typisches Geschenk
- das Lieblingsessen
- das Hobby des verstorbenen Menschen

Wer mag, erzählt im Anschluss von diesem »An-Denken«.

Abwasch – 20 Minuten

In einer Abschlussrunde kommen noch einmal alle zu den folgenden Fragen zu Wort:

- Was nehme ich aus diesem Treffen mit?
- Wie gehe ich (ausgedrückt anhand der Skala oder mithilfe der Symbole) nach Hause?
- Was nehme ich mir für diese Woche vor, was mir guttun wird?

September: Von Sprücheklopfern und anderen Ratgebern

Hintergrund

Viele Trauernde berichten davon, immer wieder mit Ratschlägen und Floskeln konfrontiert zu werden, die sie als absolut unpassend empfinden. Manch einer lässt sich von diesen Aussagen beeinflussen, andere denken darüber nach und wägen ab, ob eine Wahrheit für sie darin zu finden ist, und wieder andere wehren »kluge Sprüche« komplett ab. Im Gruppengeschehen ist es wichtig, den Grundgedanken der »Ratgeber« auf eine faire Art und Weise in den Blick zu nehmen. Zu schnell kann es ansonsten geschehen, dass der gute Wille oder auch die Hilflosigkeit darüber, was man sagen kann, übersehen wird. Die Frage, was die Trauernden vor ihrer eigenen Verlusterfahrung in ähnlichen Situationen selbst gesagt haben, kann hilfreich sein.

Manche Sprüche tragen oft eine Wahrheit in sich, die erst auf den zweiten Blick erkennbar wird. Außerdem kommt es immer darauf an, wer es wo und in welchem Ton sagt.

Die Idee dieses Trauercafés besteht darin, dass die Gäste sich über ihre Erfahrungen mit ungebetenen Ratschlägen austauschen können und ein größeres Selbstbewusstsein erlangen, im Alltag darauf zu reagieren.

Dekoration und Material

- Karten, beschriftet mit verschiedenen Aussagen (siehe unten)
- eine Karte für jeden Gast, auf der steht: »Kein Regenbogen ohne Regen und Sonne«

Ablauf

Begrüßung – 20 Minuten (mit Karten, Würfel, Skala etc.)

- Wer bin ich bzw. wie heiße ich?
- Warum bin ich gekommen?
- Mit welchem Gefühl bin ich heute (das erste oder zum wiederholten Mal) hier? Oder: Wie würde ich meine Stimmung auf der Skala einordnen? 0 – zu Tode betrübt, 10 – himmelhoch jauchzend?

Stärkung – 30 Minuten

Austausch bei Kaffee und Kuchen, z. B. darüber, wie man mit ungebetenen Ratschlägen umgeht.

Kaffeeklatsch – 40 Minuten

Die Trauerbegleitung verteilt die Karten auf dem Tisch und bittet die Besucherinnen und Besucher, eine Karte auszuwählen, zu der sie etwas erzählen möchten. Nach den Berichten kann jeweils überlegt werden, welcher gute Gedanke hinter dem evtl. missratenen Spruch stecken könnte.

- Kopf hoch! Das wird schon wieder!
- Das Leben geht weiter!
- Da muss man eben durch!
- Heulen bringt einen auch nicht weiter!
- Bist du Mann oder Memme?
- Du musst für deine Kinder stark sein!
- Reiß dich mal zusammen!
- Bist du immer noch traurig?
- Und, wieder gut?
- Man sollte sich aber auch nicht gehen lassen!
- Melde dich, wenn du Hilfe brauchst.
- Du bist jetzt der Mann im Haus!
- Die Besten sterben jung!
- Gott holt die Besten zu sich.
- Wer weiß, wozu das gut ist!
- Nun ist er aber erlöst!
- Jetzt bist du endlich wieder frei.

- Er hat aber auch sein Alter gehabt.
- Wie alt war sie?
- Du bist ja noch jung!
- Möchtest du dir nicht eine neue Partnerin suchen?
- Jetzt muss es aber langsam wieder gut sein.

Am Ende der Gespräche werden die Karten mit dem Satz »Kein Regenbogen ohne Regen und Sonne« an alle Teilnehmenden mit dem Hinweis ausgeteilt, dass sowohl Sonne als auch Regen – im übertragenen Sinn: lachen und weinen – in Trauerzeiten ihre Berechtigung haben – damit eines Tages der Regenbogen als Zeichen der Hoffnung auch für jeden sichtbar werden kann.

Abwasch – 20 Minuten

In einer Abschlussrunde kommen noch einmal alle zu den folgenden Fragen zu Wort:

- Was nehme ich aus diesem Treffen mit?
- Wie gehe ich (ausgedrückt anhand der Skala oder mithilfe der Symbole) nach Hause?
- Was nehme ich mir für diese Woche vor, was mir guttun wird?

Oktober: Erntedank?

Hintergrund

»Womit habe ich das verdient?« oder »… und das ist nun der Dank dafür!« Diese Sätze kennen viele Menschen, sie haben sie selbst schon gesagt oder von anderen gehört. Und nun naht im Oktober das Erntedankfest und manch einer kann sich noch daran erinnern, dass in Kindergärten, Schulen und Kirchen für Korn, Obst und Gemüse gedankt wurde. Erntedank ist ein Fest, das immer aktuell ist – und dennoch wirkt es in Zeiten, wo fast alle Lebensmittel aus dem Supermarkt kommen, altertümlich. In Trauerzeiten, wo man emotional eher Dürre als Ernte erlebt, fühlt sich der Gedanke an Dankbarkeit manchmal auch wie »aus der Zeit gefallen« an.

Dankbar zu sein, kann jedoch auch in Trauerzeiten eine positive, stärkende Kraft entfalten. Manche Trauernde verspüren schon sehr früh eine Dankbarkeit dem Verstorbenen gegenüber, bei vielen anderen wandelt sich die Traurigkeit mit der Zeit in ein dankbares Gefühl. Es ist interessant, darüber nachzudenken, ob neben Dankbarkeit Empfindungen wie Angst, Zorn oder Schuldgefühle noch existieren können.

Dekoration und Material

- ein kleiner geflochtener Korb (Brotkorb z. B.)
- bunte kleine Zettel, evtl. in Obst- und Gemüseform
- Stifte

Ablauf

Begrüßung – 20 Minuten (mit Karten, Würfel, Skala etc.)

- Wer bin ich bzw. wie heiße ich?
- Warum bin ich gekommen?
- Mit welchem Gefühl bin ich heute (das erste oder zum wiederholten Mal) hier? Oder: Wie würde ich meine Stimmung auf der Skala einordnen? 0 – zu Tode betrübt, 10 – himmelhoch jauchzend?

Stärkung – 30 Minuten

Austausch bei Kaffee und Kuchen, u. a. zu den kleinen Dingen im Alltag, für die ich tatsächlich dankbar bin.

Kaffeeklatsch – 40 Minuten

Die Leitung erzählt von der Bedeutung des Erntedankfestes und bezieht sich dabei auf die Dankbarkeit für die Gaben der Natur und im menschlichen Leben.

In Verlustzeiten trotz der Trauer dankbar zu sein, kann sich stärkend und lebensbejahend auswirken. »Nicht die Glücklichen sind dankbar. Es sind die Dankbaren, die glücklich sind.« Mit diesem Zitat des englischen Philosophen Francis Bacon werden die Gäste eingeladen zu überlegen, ob die Aussage auch in Trauerzeiten zutrifft und wofür sie Dankbarkeit empfinden.

Dankbarkeit für das,

- was war
- was ist
- was ich selbst schon geschafft habe
- was mir durch andere Gutes getan wurde

Wer mag, schreibt die eigenen Gedanken auf bunte Zettel und legt sie in den Korb.

Wenn alle fertig sind, werden die Zettel reihum herausgenommen und einzeln vorgelesen. Sie können kommentiert, sollen jedoch nicht bewertet werden.

Ergänzende Gedanken können sein: Ist mir bewusst, was das Wort »Danke« bei meinen Mitmenschen an Wertschätzung positiv bewirken kann? Es macht deutlich, dass man die Taten des Gegenübers nicht für selbstverständlich hält. Es kostet kein Geld, allerdings für manche Menschen etwas Überwindung, es auszusprechen. An wen richte ich meinen Dank? An Gott oder eine andere »Macht«, an Materielles und Nichtmaterielles, an meine eigene Kraft, an andere Mitmenschen, an …?

Ein Vorsatz für die kommende Zeit könnte sein, dass man sich jeden Abend auf eine Sache besinnt, für die man dankbar ist. Das Wissen darum, dass nicht jeder Tag gut ist, es aber an jedem Tag etwas Gutes – und wenn es nur eine klitzekleine Tatsache ist – gibt, kann dabei ein Denkanstoß und vielleicht, wenn man dem Philosophen Francis Bacon vertraut, ein Weg sein, sich glücklicher zu fühlen.

Abwasch – 20 Minuten

In einer Abschlussrunde kommen noch einmal alle zu den folgenden Fragen zu Wort:

- Was nehme ich aus diesem Treffen mit?
- Wie gehe ich (ausgedrückt anhand der Skala oder mithilfe der Symbole) nach Hause?
- Was nehme ich mir für diese Woche vor, was mir guttun wird?

Oktober: Teebeutelweisheiten

Hintergrund

Hat man als Kind Bauchschmerzen, hilft oft ein Kräutertee. Kommt man aus der Kälte in eine Wohnung zu Besuch, wird häufig als Zeichen der Gastfreundschaft ein heißer Tee angeboten. Im Trauercafé kann die Kombination von Tee kochen, was eine versorgende Geste bedeutet, und schönen Teesortenbeschreibungen eine wohltuende und gleichzeitig amüsante Wirkung haben.

Dekoration und Material

- Karten mit Fragen, farblich passend zu den verschiedenen Teesorten (siehe unten)
- Teebeutel mit verschiedenen Teesorten, z. B. »Bleib gelassen«, »Atme dich frei«, »Hol dir Kraft«, »Schlaf gut«, oder ähnlich lautende Sorten

Ablauf

Begrüßung – 20 Minuten (mit Karten, Würfel, Skala etc.)

- Wer bin ich bzw. wie heiße ich?
- Warum bin ich gekommen?
- Mit welchem Gefühl bin ich heute (das erste oder zum wiederholten Mal) hier? Oder: Wie würde ich meine Stimmung auf der Skala einordnen? 0 – zu Tode betrübt, 10 – himmelhoch jauchzend?

Stärkung – 30 Minuten

Austausch bei Kaffee, Tee und Kuchen. Auf dem Tisch liegen Teebeutel verteilt, die für den Tee und als erste Gesprächsanregung genutzt werden können.

Kaffeeklatsch – 40 Minuten

Weitere Teebeutel werden auf den Trauercafé-Tischen verteilt, von denen sich jeder Gast einen Tee für das Gespräch aussucht.

Die farbigen Fragekarten werden so hingelegt, dass das Thema der Tees erkenntlich ist und die dazugehörigen Fragen auf der Rückseite stehen.

Alle nehmen eine Karte zu dem Tee, den sie für sich ausgewählt haben. Die Fragen auf der Rückseite der Karte dienen als Gesprächsimpulse.

Impulse passend zu den verschiedenen Teesorten:

Beruhigungstee »Bleib gelassen«

- Bist du manchmal wütend auf den Verstorbenen oder auf »Gott und die Welt«?
- Wie reagierst du, wenn du von anderen Menschen auf deinen verstorbenen Menschen angesprochen wirst?

- Wie reagierst du, wenn die Menschen deine Trauer ignorieren?
- Bist du schneller aufgewühlt als vor der Trauerzeit oder eher gelassener als zuvor?
- In welcher Situation würdest du den »Bleib-gelassen-Tee« einsetzen wollen?
- Gibt es Menschen, deren Gelassenheit du schätzt?
- Was hilft dir, Ruhe zu bewahren?
- Kannst du zurzeit »fünfe grade sein lassen«?

Atem- bzw. Bronchialtee »Atme dich frei«

- Hat der Tod dich freier gemacht?
- Machst du Atemübungen, Entspannungsübungen oder Yoga in der Trauerzeit?
- Trauer ist manchmal Stress und kann das Immunsystem schwächen. Hast du das gespürt?
- Gibt es Orte, an denen du tief durchatmen kannst?
- Gab und gibt es Momente, wo du glaubst, dir bleibt die Luft weg? Vor Glück, Schreck oder Traurigkeit?
- Von was würdest du dich gerne frei machen?

»Hol dir Kraft«

- Wer oder was gibt dir Kraft?
- Was sind deine Stärken?
- Gibst du anderen Kraft?
- Darf man kraftlos sein … und wie lange?
- Was bedeutet für dich »stark sein«?
- Gibt dir der Glaube oder etwas anderes Spirituelles Kraft?
- Bist du seit dem Todesfall kraftvoller oder geschwächter?

»Schlaf gut«

- Hat sich dein Schlaf seit dem Tod verändert?
- Hast du oder benötigst du einen Tipp für besseres Ein- oder Durchschlafen?
- Macht die Trauer dich müde?
- Achtest du darauf, genügend Schlaf zu bekommen?
- Wird Schlaf überbewertet?
- Träumst du vom Verstorbenen?

- Nimmst du deine Trauer mit ins Bett oder kannst du sie an einem anderen Ort lassen?

Zum Abschluss des Trauercafés kann jeder Gast einen Teebeutel mit nach Hause nehmen.

Abwasch – 20 Minuten

In einer Abschlussrunde kommen noch einmal alle zu den folgenden Fragen zu Wort:

- Was nehme ich aus diesem Treffen mit?
- Wie gehe ich (ausgedrückt anhand der Skala oder mithilfe der Symbole) nach Hause?
- Was nehme ich mir für diese Woche vor, was mir guttun wird?

November: Licht sein

Hintergrund

Viele Menschen beschreiben traurige Momente als dunkle Zeiten. Sollen sie dafür eine Farbe benennen, wählen sie oft Schwarz oder Grau. Nicht nur das »Novemberwetter« mit seinen oft düsteren und verregneten Tagen erschwert etlichen Trauernden das Leben; auch die Feiertage des Novembers, Allerheiligen, Allerseelen und Totensonntag, rücken das Thema Sterben und Tod mehr in den Vordergrund als sonst. Gleichzeitig naht der Dezember mit seinen feierlichen und familienorientierten Festlichkeiten und bereitet vielen trauernden Menschen oft unbewusst schon Sorgen.

Zu Sankt Martin, ebenfalls einem Fest im November, tragen Kinder Laternen durch die Dunkelheit. Die Frage, wo ich als Trauernder Lichtblicke erlebe oder weitergebe, kann deshalb im November ein passendes Thema im Trauercafé sein.

Dekoration und Material

- Butterbrottüten aus Papier als Lichttüten für alle Gäste
- LED-Teelichte, ebenfalls in der Anzahl der Gäste
- Filzstifte

Ablauf

Begrüßung – 20 Minuten (mit Karten, Würfel, Skala etc.)

- Wer bin ich bzw. wie heiße ich?
- Warum bin ich gekommen?
- Mit welchem Gefühl bin ich heute (das erste oder zum wiederholten Mal) hier? Oder: Wie würde ich meine Stimmung auf der

Skala einordnen? 0 – zu Tode betrübt, 10 – himmelhoch jauchzend?

Stärkung – 30 Minuten

Austausch bei Kaffee und Kuchen, z. B. zum Novemberwetter und der daraus resultierenden Stimmung.

Kaffeeklatsch – 40 Minuten

Alle Gäste erhalten eine Butterbrottüte und werden eingeladen, darauf ihre »Lichtblicke« zu schreiben: alles das, was ihnen ihn dunklen Zeiten guttut. Ein Tee, eine Kerze, ein Spaziergang? Ein Gespräch oder vielleicht eher Ruhe? Danach werden die Teelichte als »Hoffnungslichter« verteilt, damit die Laternen in der kleinen Gesprächsrunde leuchten können.

Dabei kann die Trauerbegleitung während des Austauschs zu den Lichtblicken die ergänzenden Fragen stellen:

- Tat mir diese Sache schon früher gut?
- Tut mir eine Sache immer gut oder wechselt das nach Tagesverfassung?
- Wie fühlt es sich an, dass ich für mich und nicht nur für den Verstorbenen eine Kerze anzünden kann?

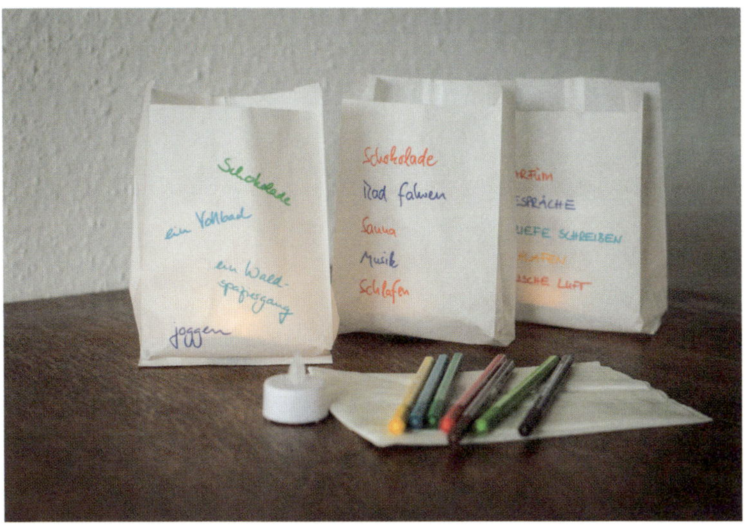

Es darf dabei der Impuls gegeben werden, ansprechende Ideen anderer Trauercafé-Gäste zu übernehmen.

Abwasch – 20 Minuten

In einer Abschlussrunde kommen noch einmal alle zu den folgenden Fragen zu Wort:

- Was nehme ich aus diesem Treffen mit?
- Wie gehe ich (ausgedrückt anhand der Skala oder mithilfe der Symbole) nach Hause?
- Was nehme ich mir für diese Woche vor, was mir guttun wird?

November: Trauer teilen

Hintergrund

Trauer ist wie Freude und jedes andere angeborene Gefühl »ansteckend«. Genauso wie Freude und Lachen auf andere Menschen überspringen, tut es auch die Traurigkeit. Trauernde spüren dies, weil andere Menschen ihnen deshalb vielleicht ausweichen oder die eigene Trauer spüren und dies auch zeigen. Ganz sicher werden die meisten Menschen, die Trauernden begegnen, von der Situation und dem Gefühl berührt. Es ist ein gutes und gesundes Gefühl, das die Natur eingerichtet hat, damit man in Freude und Schmerz nicht alleine ist. Es ist notwendig, sowohl im Trauercafé wie auch an anderen Begegnungsorten, immer wieder darauf hinzuweisen, damit dieses natürliche Gefühl wieder ins Bewusstsein rückt. Denn in der Gesellschaft versucht man häufig, Trauer zu unterdrücken, Menschen zu loben, dass sie in Verlustzeiten nicht traurig sind, und sich und den anderen somit zu schützen. Die Frage ist jedoch: Ist es tatsächlich ein »Rücksichtnehmen« oder ein »Alleinlassen« in der Not? Braucht es nicht ein Teilen der Gefühle?

Die Legende vom heiligen Martin beschreibt, dass dieser seinen Mantel geteilt und eine Hälfte an einen Bettler verschenkt hat. »Geteilte Freude ist doppelte Freude« und »Geteiltes Leid ist halbes Leid«, heißt es im Volksmund. Was es mit dem Teilen in Trauerzeiten auf sich haben kann, wird das Thema dieses Trauercafés sein.

Dekoration und Material

- Fragekarten mit abgebildeten Brezeln (siehe unten)
- das Zitat von Astrid Lindgren (siehe unten) kopiert für alle Gäste

Ablauf

Begrüßung – 20 Minuten (mit Karten, Würfel, Skala etc.)

- Wer bin ich bzw. wie heiße ich?
- Warum bin ich gekommen?
- Mit welchem Gefühl bin ich heute (das erste oder zum wiederholten Mal) hier? Oder: Wie würde ich meine Stimmung auf der Skala einordnen? 0 – zu Tode betrübt, 10 – himmelhoch jauchzend?

Stärkung – 30 Minuten

Austausch bei Kaffee und salzigen und süßen Brezeln, z. B. über Sankt-Martins-Erinnerungen.

Kaffeeklatsch – 40 Minuten

Auf den Tischen werden die Brezelfragekarten verteilt.

Die Gesprächsleitung liest ein Zitat aus »Ronja Räubertochter« von Astrid Lindgren vor:

»Lange saßen sie da und hatten es schwer. Doch sie hatten es gemeinsam schwer, das war ein Trost. Leicht war es trotzdem nicht.«

Auf den Tischen liegen die Fragekarten als Gesprächsimpulse bereit. Die Brezelbilder zeigen nach oben, die Fragen sind verdeckt. Wer mag, nimmt sich eine Karte und liest die Frage vor.

- Mit wem kann ich meine Trauer teilen? Vielleicht logischer- oder überraschenderweise?
- Mit wem teile ich meine Freude?
- Möchte ich meine Trauer nicht teilen, sondern lieber für mich alleine behalten?
- Ist das Trauercafé ein »Mit-Teilungsort«?
- Ist geteiltes Leid halbes Leid?

Am Ende des Gesprächs erhalten alle das Zitat von Astrid Lindgren aus dem Buch »Ronja Räubertochter« – mit der Einladung, gerne im Trauercafé »Freud und Leid miteinander zu teilen«.

Abwasch – 20 Minuten

In einer Abschlussrunde kommen noch einmal alle zu den folgenden Fragen zu Wort:

- Was nehme ich aus diesem Treffen mit?
- Wie gehe ich (ausgedrückt anhand der Skala oder mithilfe der Symbole) nach Hause?
- Was nehme ich mir für diese Woche vor, was mir guttun wird?

Dezember: Weihnachtswichtel sein

Hintergrund

In den Weihnachtstagen wird den Trauernden oft bewusst, dass ihnen die Gemütlichkeit, die Vorfreude auf das Weihnachtsfest, das vielleicht zum ersten Mal alleine verbracht wird, mehr oder weniger verloren geht. Viele fürchten den Heiligen Abend und möchten sich weder einen Adventskranz binden noch einen Tannenbaum kaufen, weil sie z. B. glauben, das Haus zu schmücken passt nicht in die Stimmung, oder weil es sich wie Verrat anfühlt. »Wie kann ich feiern, wenn du tot bist?«, ist keine seltene Frage. Die Gegenfrage könnte lauten: »Wird der Verlust nicht noch größer sein, wenn außer dem Menschen auch der Kranz oder Baum, die Geschenke und das gute Essen fehlen?«

Schöne Momente lösen oft Traurigkeit aus: Im Frühjahr fühlen sich manche Trauernde von den aufblühenden Blumen geradezu provoziert. »Wie kann es so schön sein, wenn sich doch in mir alles wie abgestorben anfühlt?«, sagte eine Witwe. Das Gleiche gilt auch für die Weihnachtszeit: »Wie soll es denn besinnlich, gemütlich und familiär sein, wenn nichts mehr ist, wie es war?«

Den Blick schon Anfang des Monats auf den Heiligen Abend zu richten, kann vorteilhaft sein, um Zeit zum Überdenken zu haben. Das Gespräch im Trauercafé kann Trauernden Impulse geben, wie sie selbst dazu beitragen können, dass die Advents- und Weihnachtstage für sie erträglich werden.

Dekoration und Material

- Adventskranz
- für jeden Gast: eine Butterbrottüte gefüllt mit einer Süßigkeit und einem stärkenden, aufbauenden Wort

- zusätzlich kleine weihnachtliche Schokoladenfiguren und weitere Butterbrottüten

Ablauf

Begrüßung – 20 Minuten (mit Karten, Würfel, Skala etc.)

- Wer bin ich bzw. wie heiße ich?
- Warum bin ich gekommen?
- Mit welchem Gefühl bin ich heute (das erste oder zum wiederholten Mal) hier? Oder: Wie würde ich meine Stimmung auf der Skala einordnen? 0 – zu Tode betrübt, 10 – himmelhoch jauchzend?

Stärkung – 30 Minuten

Austausch bei Kaffee und Kuchen, z. B. über die beginnende Advents- und Weihnachtszeit.

Kaffeeklatsch – 40 Minuten

An den einzelnen Tischgruppen kann man über weihnachtliche Familienrituale (mit Fragezetteln oder frei) ins Gespräch kommen:

- Was gab (gibt) es zu essen?
- Gab (gibt) es einen bestimmten Ablauf des Festes?
- Waren Geschenke bisher immer bekannt oder eine Überraschung?
- Stimmt mich die anstehende Weihnachtszeit trauriger als andere Tage bisher?
- Wird diese Zeit besser aushaltbar, wenn ich nichts schmücke, auf Festlichkeit verzichte?
- Gibt es jemanden, der mir in meiner Trauerzeit gutgetan hat, dem ich nun ein »Weihnachtswichtelgeschenk« machen möchte?

Ausgehend von der letzten Frage macht die Gesprächsleitung das Angebot, solche kleinen Wichtelgeschenke vorzubereiten: eine Schokoladensüßigkeit in eine Butterbrottüte stecken, evtl. eine kleine Botschaft (auch ein »Danke« ist etwas Großes) an den Empfänger schreiben und die Tüte mit einem Band zubinden.

Danach könnte man überlegen, ob man dieses kleine Danke-Geschenk unter den Scheibenwischer vom Auto, auf die Türmatte, auf den Schreibtisch, in die Handtasche, in die Butterbrotdose … legt.

Bevor die Gesprächsrunde endet, bekommen alle eine Tüte mit einem lieben Wort und ebenfalls mit einer Süßigkeit geschenkt. Als Wegzehrung im Advent.

Abwasch – 20 Minuten

In einer Abschlussrunde kommen noch einmal alle zu den folgenden Fragen zu Wort:

- Was nehme ich aus diesem Treffen mit?
- Wie gehe ich (ausgedrückt anhand der Skala oder mithilfe der Symbole) nach Hause?
- Was nehme ich mir für diese Woche vor, was mir guttun wird?
- … und: Wen werde ich beschenken?

Dezember: Weihnachten ohne dich und ein Jahresabschluss

Hintergrund

Der Heilige Abend läuft in vielen Familien nach festen Ritualen ab. Es ist sinnvoll zu schauen, ob man den Besuch am Friedhof oder ein Gedenken an den Verstorbenen vorübergehend oder von nun an ständig mit in den Ablauf einbindet. Manche Menschen schneiden zu Weihnachten einen Zweig aus ihrem geschmückten Tannenbaum und bringen ihn zum Grab. So lassen sie den Verstorbenen an ihrem Fest teilhaben und gleichzeitig erleben sie sichtbar in ihrem Baum, so wie im Leben, eine Lücke. Diese Lücke kann beweint werden, sie kann auch neben den Tränen mit Geschichten und Erinnerungen gefüllt werden. Andere bringen eine Christbaumkugel zum Grab und hängen eine gleich aussehende an ihren Baum oder an das Fenster. So schaffen sie eine »Brücke«: »Was ich hier sehe, hast du auch an deinem Platz. Was ich hier habe, lässt mich an dich denken, vielleicht sogar beruhigt, dass ich für dich gesorgt habe.«

Außerdem kann es wertvoll sein, auch die anstehende Silvesternacht zu thematisieren. Viele Trauernde planen und fürchten eher das Weihnachtsfest und übersehen dabei, dass auch Silvesterfeiern oft ritualisiert oder mit frohen guten Gedanken verbunden sind, die Menschen in Verlustzeiten eher als unangemessen empfinden. In diesem Trauercafé wird eine Form des Jahresrückblicks angeboten, die auch in der Silvesternacht hilfreich sein kann.

Dekoration und Material

- einige Tannenzweige für die einzelnen Trauercafé-Tische
- das Bilderbuch »Opa Bär und sein langer bunter Schal«

- bunte Wollfäden, dazu auch Gold-, Silber- oder Glitzerfäden
- Schlüsselringe in der Anzahl der Gäste

Ablauf

Begrüßung – 20 Minuten (mit Karten, Würfel, Skala etc.)

- Wer bin ich bzw. wie heiße ich?
- Warum bin ich gekommen?
- Mit welchem Gefühl bin ich heute (das erste oder zum wiederholten Mal) hier? Oder: Wie würde ich meine Stimmung auf der Skala einordnen? 0 – zu Tode betrübt, 10 – himmelhoch jauchzend?

Stärkung – 30 Minuten

Austausch bei Kaffee und Kuchen, z. B. über die Pläne für Weihnachten und Silvester.

Kaffeeklatsch – 40 Minuten

Auf den Tischen werden bunte kurze Wollfäden und Schlüsselringe verteilt. Jemand aus dem Team liest vor oder erzählt für alle die Geschichte »Opa Bär und sein langer bunter Schal«.

Im Anschluss werden die Gäste gebeten, für folgende Gedanken je einen Wollfaden auszusuchen: Je eine Farbe für

- den oder die Menschen, deren Verlust du betrauerst
- die Trauer
- deine Familie
- deine Freundinnen und Freunde
- einen Menschen, der dir nahesteht
- einen Glücksmoment aus der Zeit vor dem Tod
- einen guten Moment in diesem Jahr nach dem Tod
- das Trauercafé
- dich
- die Tränen, die du in diesem Jahr geweint hast
- die Liebe, die du empfindest und/oder empfunden hast
- einen Wunsch für das zukünftige Jahr

Danach bekommt jeder Gast einen Schlüsselring, an den er die bunten Bänder knoten kann. Dieser Ring kann am eigenen Schlüsselbund einen Platz finden und an trüben Tagen daran erinnern, dass das Leben selbst in Trauerzeiten aus bunten Farben besteht. Er kann auch in der Silvesternacht mit den Gedanken betrachtet werden: Was war im vergangenen Jahr wertvoll, was war schwer und ist dennoch bewältigt worden?

Abwasch – 20 Minuten

In einer Abschlussrunde kommen noch einmal alle zu den folgenden Fragen zu Wort:

- Was nehme ich aus diesem Treffen mit?
- Wie gehe ich (ausgedrückt anhand der Skala oder mithilfe der Symbole) nach Hause?
- Was nehme ich mir für diese Woche vor, was mir guttun wird?

Danke!

Am Ende dieses Buches möchte ich zuerst meinen Männern Meinrad, Matthias, Marius und Malte danken, die mich auf so unterschiedliche Weise unterstützen. Ohne euch als Familie hätte ich niemals die Familientrauerarbeit in und über Deutschland hinaus gegründet und weitergetragen.

Die zweite Stelle des Danks gehört Andrea Langenbacher, die mit Geduld und Verstehen meiner Idee der Familientrauerarbeit für Alt und Jung meine geschriebenen Werke professionell überarbeitet und den LeserInnen das Praxisbuch durch die Strukturierung noch attraktiver gestaltet hat.

Danke an meine großartigen pädagogischen FamilientrauerbegleiterInnen bei Lavia. Ihr macht durch euer pädagogisches Können, eure Qualifizierungen in der Trauerarbeit, euren Humor und eure hoffnungsvolle Zuversicht in all die trauernden Menschen, die uns begegnen, das Leben – nicht nur im Ruhrgebiet – bunter.

Vielen Dank an meine Lavia-Kollegin Kathrin Wittke für die schöne Idee mit den Teebeuteln und an Beate Seemann für die Kratzbilder.

Auf **www.familientrauerbegleitung** finden Sie unter dem Stichwort »Kontakt« eine Übersicht der FamilientrauerbegleiterInnen, die von Mechthild Schroeter-Rupieper, Lavia – Institut für Familientrauerbegleitung, ausgebildet wurden. Sie können sich auf meiner Website außerdem über Weiterbildungsmöglichkeiten mit dem Gütesiegel Familientrauerbegleitung informieren.

Unter »Publikationen« können Sie die Wetter- und Fragekarten sowie das gebrochene Herz bestellen.

Auf der Seite von LAVIA Familientrauerbegleitung gGmbH, **www.lavia.de**, können Sie sich umfassend über die Familientrauerarbeit informieren.

Bildnachweis

S. 40: © birdys / photocase.de
S. 44: © Miss X / photocase.de
S. 49: © Vapi / photocase.de
S. 78: © willma... / photocase.de
S. 80: © McCarony / fotolia.de
S. 86: © blümchen36 / photocase.de
S. 94: © Nicole80 / photocase.de
S. 104: © Ahkka / photocase.de

S. 63, 89, 107, 113, 116, 120
Andrea Langenbacher, www.andrealangenbacher.de

S. 52, 59, 65, 68, 73, 82, 97, 101, 109, 123
Mechthild Schroeter-Rupieper

Weitere Bücher von Mechthild Schroeter-Rupieper im Patmos Verlag

Für immer anders. Das Hausbuch für Familien in Zeiten der Trauer und des Abschieds, vollständig überarbeitete und neu gestaltete Ausgabe 2020, Ostfildern ^{2}2022.
Hilf mir, wenn ich traurig bin. Ein Buch zum Trauern, Erinnern und Abschiednehmen, Ostfildern ^{2}2021 (zusammen mit Jule Kienecker).
Geschichten, die das Leben erzählt, weil der Tod sie geschrieben hat, Ostfildern 2018 (antiquarisch erhältlich).
Neue Geschichten, die das Leben erzählt, weil der Tod sie geschrieben hat, Ostfildern 2022.
Praxisbuch Trauergruppen. Grundlagen und kreative Methoden für Erwachsene, Jugendliche und Kinder, Ostfildern ^{4}2021.
Gemeinsam trauern – gemeinsam leben. Der Familientrauerkalender, vollständig überarbeitete Neuausgabe 2015, Ostfildern ^{2}2022.
Niemals geht man so ganz. Ein Buch voller Erinnerungen, Ostfildern 2012.